Душица Милановић Марика

ГОЗБА
ВЕЛИКОГ КНЕЗА

ПРОСВЕТА

Марији и Марку

Књига прва

Древна, Кијевска Рус'... Кад су се даљине мериле данима и недељама проведеним на путу, кад су се власт, и жена, и коњ и роб и злато мачем задобијали, а живот је у свему био залог. Много су пута реке крвавим кључевима кипеле, немилосрдни богови су разним, неретко крвавим жртвама умољавани, болести су лечене врацбинама... Живело се брзо и кратко, али дужина живота не одређује дубину трага који за човеком остаје.

У ово Мрачно и преломно доба у коме се одређивала даља судбина многих народа, у земљи руској родио се онај ко ће јој донети светлост.

И та светлост још је увек обасјава.

Русь

1.

Дан у коме је требало да га положе на брезову ломачу освануо је тежак, влажан. Дрва су већ била наслагана, сува и крта, горела би и на киши а некмоли по магленом сивилу. Ивор, велики бољар, Рјурикове крви по мајци, верно је служио кнезу и не помисливши да затражи неко своје наследно право. Сад су му спремали достојан погребни ритуал. Уз обиље хране заливане медовином, људи и жене одавали су му почаст десетодневном светковином, распусном, раскалашном. Гудоки, варгани и гусли опијали су их колико и медовина, и подстицали на сладострашће коме су се без устезања предавали.

Ископали су Ивора из гробнице у коју су га похранили десет дана раније и пренели га у чамац. Са главе му је том приликом пала тешка капа од црне самуровине, и носачи су уплашено застали. Да је то опазила нека од врачара или жрец, само би упрли прстом и један од робова који су помагали да се војвода откопа и пренесе завршио би као део ритуала. Пад капе значио је да покојник није задовољан како су га опремили и кривац би требало да окајава грешку служећи му на оном свету. Понели су даље носиљку, са стрепњом.

Све се спремало за завршни чин. Чамцем ће га превести до брода на коме је чекала припремљена ломача. И море се уђутало.

На малог Владимира који се радознало врзмао около, док га је чвор страха жуљао под грудима као да је прогутао цео орах па му је ту застао, нико није обраћао пажњу. Очи боје ведрог неба, што их је с варјашке стране баштинио, искриле су му грозничавим ишчекивањем. Помно је слушао кад се о томе причало и знао је шта треба да уследи.

Из крви жртвованих животиња ширио се тешки, отужни мирис смрти и увлачио му се у ноздрве.

На броду, меки лежај од грчког броката, под балдахином, чекао је на њу, младу жену коју је Ивор прошле године довео враћајући се са Свјатославом из Перејславеца. Она ће поћи са њим на неповратно путовање. Владимир је с нестрпљењем изгледао почетак чина ритуалне обљубе који ће претходити њеном погубљењу.

Старица разнобојних очију, развезане беле косе, боса, у крутој црној хаљини навученој на наго осушено тело, већ је била на броду. Анђео смрти. Оштрим ножем који ће увежбаним покретом забости међу ребра робиње, до последњег часа опијаној слатким пићима, помоћи ће јој да пође за својим господарем. Знала је тачно где оштрица треба да прође, брзо и чисто. Шест мушкараца, покојникових сродника, стоје око ње заклонивши је у овом интимном чину последњег и потпуног предавања.

Везали су јој удове и врат, и час пре него што Анђео смрти обави свој страшни посао, почеће да ударају штаповима у штитове. Да се не би какав недостојан јаук чуо, да се преци не увреде. И да се друге жене не би колебале да одговоре захтевима прастарих обичаја кад дође њихов ред.

Јарополк и Олег су раширених очију, важни, разглабали о погребним светковинама, наглашавајући занимљиве детаље, подсмевајући се Владимировој неупућености. Морао је све то и сам да види. Ујак га је послао у собу, што је иначе чинио у таквим приликама (мислио је да је то зато што је „безродный", а не зато што је још дете), а он се искрао и кренуо за њим.

Није га само радозналост довела на обалу где се тога дана смрт потврђивала животом, и обрнуто. У лову се без кривице убија да би се храном продужио живот, а у жртвеном ритуалу одузимањем живота храни се цела заједница и продужава њено трајање. Смрт је била дар животу, посебно кад је жртва добровољна. Крв и медовина, препуштање разврату у славу смрти, одавање части покојнику обљубом његове омиљене жене, све то зрачило је магнетизмом који дечак није разумевао, али није могао да му се одупре.

Жену су, опијену медовином и омамљену хипнотичким ритмовима музике, мушкарци подигли изнад својих глава како би у даљини назрела небеске лепоте и сусрела се најпре са својим прецима, па са покојником за којим се упутила. Владимир је задрхтао. Пришао је ближе, толико да је осетио мирисе које су јој жене утрљале у кожу и косу.

Није обраћала пажњу на одећу, кроз полуоткопчану блузу просијавала је науљена кожа посута грашкама зноја, једрила се облина недара. Док су је подизали, ветар јој узвитла сукњу изнад колена и откри ноге, беле и пуне. У трансу, покуша да измакне ногу и закорачи у празно, ка нечему што је само она видела; заљуља се, али је мушкарци задржаше.

Не би дечак ни осетио тешку руку на рамену да га није одвојила од магичног призора и повукла у супротном правцу.

Ујак Добриња! Послушно је ишао за њим, није имао избора, а најрадије би заплакао од разочарења. Опет су му све покварили. Обазрео се још једном, али окупљени су му већ заклонили видик. Чуо је пригушене звуке и наслућивао им значење.

Злокобна лупа у штитове није почињала, значи, девојка је још живела. Зачуо се крик, мушки. Догађај са шубаром ипак није прошао непримећено.

Отргнут из свечане атмосфере набијене ишчекивањем, убрзао је корак прибивши се уз ујака као да је избегао некој опасности. Није се више освртао.

На рукаву примети бело перо, пало однекуд. Узе га и затвори у шаку.

≈

Кад је неколико година касније пловио ка Новгороду, мисао на тај дан, ко зна чиме дозвана, вратила се. Питао се да ли би Јарополкова бела, црноока дувна, најлепша жена коју је дотад видео, пошла у смрт за његовим братом. Није први пут да помисли на робињу коју је Свјатослав довео из похараног грчког манастира на дар најстаријем сину. Како је тада завидео Јарополку! На томе што је старији, што ће ускоро добити своју кнежевину, а највише на овом дару који је потврђивао његов положај. Глупи Јарополк! Блентаво је зинуо у њу, да су га у крађи ухватили па мисли на коју страну да измакне, не би се толико збунио.

Отресе главом као да му је труње пало на косу и насмеја се. Дан је био превише леп да би мислио о самртној ломачи, или братовој жени, а ко зна каквих све девојака има у Новгороду!

Остала је у Кијеву уплакана његова саучесница у многим несташлуцима, ни више дете, ни још девојка. Разиграна пегавица којој никад кике нису биле довољно чврсто уплетене да се коса из њих не извуче. Колико је пута од мајке добила грдњу због њихових лутања и залажења у забрањене делове дворца, због сакривања у Детинцу, а висина те куле вртоглаво их је мамила. Јутро пре поласка чврсто га је загрлила, накратко. Остао му је на уснама укус мокрих и сланих образа, укус незаборава, горак. Морао је да је се одрекне.

Као да је знала, често се прстићима упијала у његове мишице, усред игре, или у притајеном ћутању кад би се од свих сакрили, и ужагрила би му се у зенице:

„Нећеш ти мене да оставиш? Хоћеш, хоћеш... шта ће ти робиња... кнежев син... још мало па ће ти наћи жену...“

Шалио се да отера зебњу. Обећавао, и сам у то веровао. Нико му није био ближи срцу. Баба се смејала њиховој наклоности а браћа су га задиркивала. Желео је, али да је само поменуо да је поведе, наишао би на подсмех.

Сада је био кнез.

Осетила је, увек је знала шта је у њему, и није га ни погледом прекорила, сакрила је очи и измакла се да му својим сузама не потопи радост.

Кнез! Он, син Малуше, крупне и лепе Словенке, Олгине кључарке. Рођен на селу, где је његова мајка била протерана чим јој се стомак заоблио.

Завукла се у сеник кад је осетила да је дошло време. Затворила је врата за собом, намакла резу и ослонила се на њих. Грч јој је прелетео лицем, скупивши се на високим јагодицама. Затворених очију сачекала је да налет прође.

Најпре је у получучњу, раширених ногу стајала изнад жара просутог на земљу подаље од сена, докле год је тињао. Није ложила ватру у сенику, могао би читав да плане, донела је криомице полусагорело, ужарено дрво и просула жар у прикрајку. Ставила је на њега обајане лековите траве, које је од сеоске врачаре на време узела и чувала у појасу за овај дан. Пресушено биље попрскала је водом, да дими а да не сагорева. Окадила се што је више могла мрмљањем изговарајући бајалицу, да се лакше отвори. Болело је несносно, али учестали трудови нису довели до брзог порођаја.

Ноћ је одмакла док су се досетили у кући шта се с њом догађа и послали по бабицу. У зору се родило мушко дете стиснутих малих песница и отворених очију. Грлато је објавило свој долазак, и није престајало да плаче, бранећи се од додира и спутавања меким платном. Баба што је пословала око Малуше подигла га је радосно у висину лица.

„Кнежев син! Како ћеш га звати?"

„Владимир."

Кроз дашчани кров пробио се трак сунца што је управо излазило и обасјао му лишце. Дете се умирило, са нечим у углу мајушних усана што је старој жени заличило на осмех. Она клекну, спусти драгоцени замотуљак уз породиљу, исцрпљену и на ивици полусна, и подиже руке ка снопу који је искоса падао на лице детета.

„Богови милују твога сина! Изабран је! За велика дела, за славу! У светлости је рођен, пут ће му бити светао, обасјаће све што такне, а кад дође час да се узнесе међу претке и богове, за њим ће остати светао траг."

„Куш, стара! У сену сам га истресла, мој син није кнежев син, него кнежево копиле, протеран заједно са мном. Неће видети ни двор ни славу ако мач на оца и браћу не потегне, нека га духови предака сачувају од тога! Кус са репатим боље да се не дави!"

Није Малуша била у праву. Олга, кнегиња чврсте телесне грађе и гвозденог карактера, беше већ примила хришћанство, а и године су је стизале, и блажиле. Узела је унука код себе на двор. Само дете, мајку је у прогону оставила. Није опростила кључарки што га је прељубничким чином зачела.

Свјатослав је знао да ће кнежевину наследити његови законити синови, али Малушин син је био чешће на његовим коленима. Ем је био најмлађи, ем је личио на оца, ем је од малих ногу био „ласковый", милокрван.

Иако је био и бабин миљеник, његова права нису била иста са Јарополковим и Олеговим. Мајка га је при ретким сусретима на то подсећала, а и браћа су се трудила, посебно старији, Јарополк, да не заборави где му је место. Будућност му је била неизвесна.

До дванаесте године је већ, учећи како се постаје мушкарац, увежбавајући ратничке вештине и ловећи, обележио своје тело ожиљцима. Преломи су лако зарастали под вештом руком врача и он их је брзо заборављао и поново јурцао около, јахао, ловио. Али, повреда главе кад се у незгодном прескоку сурвао низ урвину, била је озбиљна, донели су га обамрлог. Свјатослав који се беше у двору затекао, сам је бдео над њим сву ноћ, бришући зној са чела, синовљевог и свог наизменично. До јутра је бољка мало одминула, дозволио је женама да уђу, и сви су одахнули.

И поред толиких озледа, само једном је био у правој опасности. Два месеца пре доласка гласника из Новгорода.

Заједно са браћом редовно је учествовао у лову, у хајкама на дивље коње... Соко је био убитачно крилато оружје и он је узбуђено пратио кад се муњевито обрушава на плен, баш као огњени соко на њиховом родовском знамењу. Док изненађена птица схвати шта се догађа, већ је била у канџама.

То је добро запамтио, па је примењивао у лову, у рату, и у љубави.

Тога дана богови су га начас изгубили из вида.

Иако још дечак, већ је био вичан лову сваким оружјем. Руски ловци су знали да се и голоруки упусте у борбу са запенушалим нерастом док му не би, држећи се чврсто оштрих кљова, врат сломили. Такав је подухват могао и живота да кошта, а озледе су биле уобичајене и неминовне. За разлику од лова на дивље свиње у коме се и Владимир опробао, што су сведочили ожиљци на рукама и левој слабини, хватање коња је била племићка игра и забава.

Владимир, на кога је Добриња будно пазио, одвојио је једног пастува. Притрчали су и остали, помагали му да сапне мрежом улов који се пропињао, њиштао и насумице ударао копитима на све стране. Весели повици и шале, бодрење, све је намах застало. Кнежевић је пао с коња! Не успевши да га досегне копитима, дивљи коњ га је дохватио зубима за леђа, подвукао под себе и пропео се да зада ударац. Добриња је пустио копље.

Владимир се откотрљао у страну док је коњ падао. Касније су видели да му је кожно ремење на седлу било са обе стране засечено назубљеном оштрицом. Кривца нису нашли, иако је било разних сумњичења и покушаја подметања.

Најмлађи Свјатославич је спознао да му ни живот није сигуран, а не само будућност.

Пловио је ка граду у коме ће бити ван домашаја кијевских интрига и остварити своје право рођењем стечено.

Дванаестогодишњи кнежевић дубоко је удисао оштар морски ваздух, надимао прса поносом, рамена су му крилатила. Иде у Новгород, који после Рјурика није имао кнеза. Разним су га причама пред полазак плашили, али није се бојао, та оштра земља била је земља његових предака, и његова.

Небо је било благостиво према њему. Сетио се русалке коју је вребао у шуми; сенком га је изазивала а бледи лик се дивотно љескао над водом пркосећи казивањима старијих о грдоби водених вила. Никада је није право сагледао али увек је веровао да је на његовој страни. Можда је она обратила Свјатослава, изасланике из Новгорода, и Добрињу!

Задовољан таквим расплетом и расподелом кнежевина, ујак се бокорио бродом као да је он постављен за кнеза!

Јарополк и Олег, синови мађарске принцезе која је за време пуног месеца говорила мелодичним, певљивим хазарским језиком и гледала кроз људе не видећи их док је њима студен сезала до костију, одбили су да питомију и блажу кијевску климу замене далеким Новгородом, о коме су слушали да је маглен и хладан, пола године снегом покривен. Залеђена нордијска језера зјапила су у њиховој машти потхрањеној причама путника и трговаца, као врата леденог пакла, и мрзла су и саму помисао на одлазак.

Владимир је обручке дочекао неочекивани дар. Новгород је био више од оног чему је једно од кнежеве незаконите деце могло да се нада. Али, и много мање од онога о чему је сањао син Великог кнеза Свјатослава, Игоров унук, директни потомак силовитог Рјурика који се 855. године са својим дракарима појавио на обалама Ладоге и ту остао, да би се пет година касније Руси обрели под Константинопољем!

О таквим походима је маштао: да се ширином Дњепра спусти све до мора и стигне до каменитих обала царског града! Да освоји свет, а то је за њега значило да освоји Цариград.

Како је растао, постајао је сметња некима на двору који су своје интересе плели око кнежевих наследника. И он је био Рјурик, а то га је могло и главе стајати.

Овако је све било решено, кнежевине и градови подељени. Јарополку Кијев, Олегу древљански Искоростен, Владимиру Новгород! Рјуриков град. Нека се сила онострана, можда баш она његова русалка, умешала и одредила му пут.

Често је из шуме долазио замршене косе, зарумењен, мало смућен доживљеним, али испуњен милином. Није сумњао да га је водена вила голицала зеленом косом кад поред потока заспи крепким сном, уморан од базања около. У сан му је долазила и мамила га. Није му се показала, али, умилна песма којом га је пратила била је стварна. Жреци и пророци упозоравали су га на опасност од шумских створења, посебно русалки што у кристалним дворовима битишу, а људе одводе у мрачне водене дубине. Смејао се, шта њему могу шумска бића! Он је син кнежев, а кнез је на средокраћи између људи и богова, често ближе боговима чију је вољу спроводио.

Сада је имао и своју кнежевину.

≈

Упркос честим кишама и томе што је месецима завејан сметовима снега, Новгород је био чист град а људи су, уместо да гацају по каљугама, ходали поплочаним улицама.

Опремљени брадвама, тестерама, али и великим секирама и финим бургијама, Новгорођани су уз песму и веселе повике поправљали дрвену подлогу, већ подобро улеглу у мекано и влажно земљиште.

Градитељи су попреко стављали дебла, а са стране уличну конструкцију учвршћивали мањим коцима. Колико год да је дрвена поставка била густа, непуну деценију би једва издржала, док не би толико утонула у порозно тло да је поправка бивала неминовна. Вршила се тако што су ређали нови слој дебала на већ постојећи, збијајући их и притежујћи са стране.

Владимир је одбацио валовити огртач од самуровине. Слободних покрета у широкој кошуљи од сирове свиле пристигле бродом трговаца из Цариграда, и меким панталонама од уштављене коже, оштрим замасима поткраћивао је дебла која су штрчала из реда. Раскуштране косе, делимично прикупљене траком, зајапурен радом и младошћу, бритким узвицима пратио је ударце, а окупљени су га бодрили уз смех и шале.

≈

Новгорођани су послали изасланике преко мора, до Старграда, и призвали великог ратника, по сили и праведној руци чувеног Рјурика. Прострли су му пред ноге крзна, оружје оковано сребрном и златном срмом, моржеве кљове и друге дарове са разних страна добављене.

Сишавши са брода, Рјурик и његови Варјази, ратници са јужних обала Варјашког мора под блештавим кацигама и штитовима, са оружјем у рукама, застали су. Пролаз су им запречили на тло положени дарови. Најугледнији грађани изашли су пред њих са предлогом.

„Немамо кнеза, безакоње се у нас раширило, владају међусобице и раздор. Наш је град богат, дођи и буди нам кнез. Буди поштен и праведан и ми ћемо те слушати. Будеш ли радио само на своју корист, а народу неправедно и кварно, убићемо те и изабраћемо другог кнеза."

Тако су се договорили. Голем и мрк Варјаг стиснутих је песница и подигнутих руку пред идолом завет положио, па је строго и праведно владао, а град је снажио и развијао се.

После њега, Новгорођани нису више хтели да буду без кнеза. Олег, брат кнегиње Олге, одвео је Игора у Кијев где је и остао, па је мали Свјатослав део свог детињства провео у Новгороду, одвојен од мајке, чувајући тамо кнежевску столицу.

„Богови окрећу главу од града који нема кнеза, а народ подивља", говорили су Новгорођани. „Јуродива сила нечиста скита по свету без куће и кућишта и гледа где да се удоми – у дому без домаћина, у граду без кнеза."

Будући да је Свјатослав у Кијеву столовао, били су спремни да прихвате и неког варјашког гусара, а добили су, на свој понос, Рјуриковича. И то каквог!

Свуда је стизао и трудио се да му не промакне ишта што се тицало града и живота људи у њему. Мерено корацима тога времена, већ је ушао у доба за лов и за рат, што је кнезу требало да буде једино занимање. Али, он је показивао интерес за свеукупан живот поданика, трудио се да све научи и разуме, и да помогне. Виђали су га у пољу, и где са рибарима затеже мрежу, и међу трговцима, и са земљоделцима...

Прилагодљив, радознале природе и смелог духа, сродио се са градом. Још кад је први пут упловио у новгородску луку, знао је да је добродошао. Била је крцата малим, издржљивим струговима и насадима, који су излазили на крај са бурама Варјашког мора, пловећи што су више могли дуж обале, а на пучини се оријентишући према птицама, звездама и смеру валова.

Дечачким је скоком сишао са струга и застао задивљен огромном дрвеном статуом бога Перуна са буздованом у руци, око чије главе је летело неколико птица – крилати ореол. Као поздрав.

Дочекали су га великаши, а окупљени народ га је поздравио клицањем. Појео је понуђени залогај хлеба и соли, и већ је био код куће.

Са озбиљношћу се латио владавине лепим, чистим градом, са луком урешеном једрима и катаркама, са улицама обложеним дрветом, и водоводом састављеним од система цеви и буради, којим су се Новгорођани особито дичили.

Готово је све било од дрвета, а дрво шуми и греје, па је град одисао топлином. Гдекад и врелином огњеном, зато што пожари, и овде и у Кијеву, нису били реткост. Руси су радо палили ватре на сваком згодном месту. Где год заседну и причом се или песмом, а најчешће и једним и другим забаве, у част бога Перуна паљене су ватре од храстових грана. Пламсање, пуцкетање, лепет пламена, све је то доприносило њиховом весељу.

„Ватра је божји дар, али јој буди господар!"

Знали су то, па ипак, довољно је било да потече медовина из јелових, гвозденим опругама окованих буради, а за то се повод лако налазио, па да се људи забораве, а ватра загосподари. Од како су имали кнеза, узимали су се у памет око ватре, јер је он за сваку паљевину тражио кривца. Ако га прокажу, ишибали би га, ако не, плаћао је тур онога ко буде наречен или бар сумњив.

Одмах би, са лакоћом и полетом, на остацима спаљене куће подизали нову, а дешавало се да се и кнез ту нађе, оран, завpнутих рукава. Ако у пожару нико није повређен или страдао, све се брзо заборављало, а пепео је коришћен да се нагноје поља. Покоји огањ, а и покоји рат, није плашио тај силовити народ.

Војвода Добриња, отменог држања и хитре памети, висином и стаменошћу зрелог храста био је сигуран ослонац младом владару. Пред полазак у Новгород објашњавао му је да су људи тамо на северу одличан материјал за ратнике, само их треба обучити. То му је свакако више годило но да има посла са туњавим столарима и дрвођељама како су их представљали Олег и Јарополк. Уверио се да су били све само не туњави!

≈

Видно је било да Владимиру ово махање секиром и пражњење снаге, која је сваким даном бујала у њему, причињава задовољство.

Од узастопних брзих покрета, полураскопчана кошуља му спаде низ десно раме изложивши тамну шару на светлој кожи, у облику раширеног крила. Протезала се дужином палца по средини рамена. Малуша ју је, још док је у повоју био, прикривала. Од кад су га од мајке одвојили, при ретким сусретима опомињала га је да пази пред ким скида кошуљу. Немарно навуче на раме лагану тканину и поново замахну. Уз весео повик.

Мајка би га, да је то видела, прекорила севом испод обрва. Кад је истекло пола године његовог боравка у Новгороду, послао је по њу. У кијевско село Бутудино стигао је гласник, пратња, и писмо нашарано кнежевом руком, оштром писаљком на брезовој кори. Који месец касније, кћи Мала из Љубеца, слушкиња чији је син добио кнежевину, допловила је у Новгород. Владимир ју је дочекао са почастима, на свеопште одобравање.

Пољубио ју је у обе храпаве надланице широких шака, отежалих од рада. Знао је да није она била крива што га те руке нису тешиле и браниле док се животу учио. Биле су топле. Загрлила га је, и то је било други пут да осети укус женских суза. Оне прве биле су горке, ове су имале укус олакшања.

Недовољно брзо је намакао кошуљу. По вечери у двору, приђе му стари бољар који се свакад по страни држао, ретко и мало говорио, и не гледајући у њега већ кроз решетке на прозору у окрајак месеца, рече му тихо, једва мичући уснама:

„Кнез Свјатослав је крило на рамену имао. И ти ћеш бити Велики кнез. Упамти, човек онолико има колико даје, а даје само оно што има.

Често му се већим чини оно што нема, па радије узима него што даје.

Али коме Бог да, нико му узети не може..."

Владимир му понуди купу вина из своје руке, и окрену се другу који га је на песму звао.

≈

Перун громовник наткрилио је Новгород. Силник коме су приписиване неограничене моћи, до неба је висином сезао.

Владимир би усправио поглед ка њему и чинило му се да су сучељени. Бог и кнез. Везани уговором који кнез добија рођењем и потпише криком кад први пут ваздухом испуни плућа. Он је обавезан да чува веру очева, приноси жртве, и тражи од бога све што му треба, за себе и за свој народ. Бог, са своје стране, да на њих одговори. У супротном, кнез би покушао са већим жртвама, а ако остане неуслишен, потражио би наклоност другог бога.

Кип од дрвета застрашујуће величине био је начет временом и потамнео, а подножје, жртвеник, завршавао се обликом људске главе. Из његових је пора избијао мирис крви којом је безброј пута натопљен. Око светилишта грмило се велико камење поређано у круг, у неколико редова, наглашавајући изузетост из средине и светост места.

Медовина, ражани хлеб, лук и млеко нису увек били довољни. Ни жетвена понуда, чанак жита који је кнез изнад главе ка идолу подизао у знак захвалности за убране плодове земље.

„Поделите сиротињи!"

Богови су искали крв. Тискали су се сироти око кнеза док је делио месо жртвованих животиња, задржавајући најбоље комаде за жртвеник тешко умољивог бога. Главе су подизане на коље око кипа.

Молио им се и веровао да су уз њега. Перун пре свих, Волос, па стари Род, који је држао наследни трозубац Рјурикида...

Кнез је примењивао законе и одлуке које је доносило веће сазивано реским звуком звона. Расправа не би свакад донела решење, па су је настављали и завршавали песничењем на Волховском мосту. Ко надјача, његово је и право. Не једном је Владимир ужагрених очију посматрао тучу жудећи да се баци у гомилу у којој су већници право доказивали песницама. Уместо тога, пропео би коња, поскочио на свом черкаском седлу, и у бесном трку одјурио.

Крв му је врила, али, био је кнез, морао је да се уздржи.

≈

Мислио је на Пегавицу. Била је млађа од њега, мања, пазио је на њу, сад је сама... Радо би јој показао свој град. Засмејавао би је као пре, дражиле су га јамице на њеним образима, желео је да их види поново...

Питао је Малушу чим је стигла. Откупили су је трговци, рекла му је, и њу, и мајку јој. Кнегиње Олге више није било, а Јарополкова жена сама је бирала своје слушкиње.

„Ко зна где су...“

2.

У прошлом је корен будућег. Из недохвата минулог преци нас опомињу, ка добру окрећу, не би ли зло што вазда прети од нас одвратили.

Брзоноги гепард Свјатослав предводио је освајачке походе без заустава, често и спавајући у седлу, са брадом овлаш ослоњеном на груди, да се није могло разлучити да ли дрема или се у мисли задубио. Ловећи кијевским шумама учио је од ове гипке звери како да следи инстикте, али је био свестан и своје племићке части. Непријатељима је најављивао долазак, шаљући изасланике са упозорењем:

„Спремите се, идем на вас!" – „Аки пардусь!"

Тиме су његове победе биле веће, пред њим је ишао глас, а за њим су се ваљале мутне и крваве реке, остајали порушени покорени градови, али и ломаче на којима су спаљивани изгинули руски борци. Уз обавезан жртвени обред, да би и на другом свету покојници имали и жену, и пса, и коња...

Не носећи са собом залихе хране ни котлове у којима би храну варили, нити ишта што би им отежавало кретање, његова се војска у путу хранила коњетином и месом дивљачи, на жару печеним.

Шатори су били баласт, па је, кад се конак није могао избећи, сам кнез спавао под ведрим небом, на оштродлаком коњском покрову, са седлом испод обријане главе са танким, дугачким праменом косе, остављеним по обичају, кнежевског угледа ради.

Његова минђуша о којој су приче испредане, златила се уз кожу пребачену преко седла.

≈

Незадовољан данком који је убрао, кнез Игор се пресвукао из свечаног у јахаће рухо и, оставивши пратњу да га сачека, са само једним дружбеником вратио се по још.

Кад змија, наситивши се сопственог зла, изађе и препречи људима пут, рекли су Древљани, сама тражи да се убије. И то у време кад кошуљу мења, па негде на њеном трагу змијски свлак остане.

Сам им је дошао, и пресудили су му.

Везали су га за савијене врхове две брезе, младе и доскочне, и хитнули их ка небу. На свакој је остао по део кнежевог тела.

Кнегиња Олга је мушком одлучношћу спустила над очи набрано чело, угушила јаук и повела рат против њих, а Свјатослав Игорович је нејаким рукама трогодишњег дечака, на радост руске војске, први бацио осветничко копље у правцу непријатеља. Од тада, оружје му је срасло са руком.

Кад је последњи пут кренуо на Цариград, Грци су га кушали шаљући му поклоне. Презиром је на злато одговорио, али, очи су му засијале и радо је примио светло оружје које му је послао византијски цар.

Пред њиховима вратима био је љути ратник, освајач, а не лакоми варварин.

≈

На већ распламсали огањ набацали су суве храстове гране. Сунуо је пламени вихор, Свјатослав га је пресекао и подигао мач претећом кретњом. Плаветна дрскост му се из очију дуж оштрице точила.

Долином Дњепра послао је гласнике Словенима са упутством да више не дају Хазарима ни крзна беле веверице, ни мач по мушкој глави, ни сребрњак по ралу; да више данак не плаћају.

И кренуо.

С презиром је, у получуђењу подигавши густе жуте обрве, говорио о хазарском обичају да своје мртве земљи уместо ватри предају, и са њима жене, и коње њихове, псе... све оно што им треба на оном као и на овом свету у земљу похране, „да их црви једу и гамад по њима гамиже."

Смртни су ватру са неба добили, да се грeју и да таму отерају.

И душа је огњена искра која с неба исходи. Горућа жишка што даје живот, топлоту крви, сјај очима. Тело се на одласку преда светом огњу прочишћења, и душа се наново узнесе. Замишљао је величанственост буктиње кад њега, Великог кнеза, једног дана уз највеће почасти положе на ломачу, светкујући.

Жена је била потреба, да шум крви стиша. Није увек морала да буде лепа, само здрава. И вољна, но ни то није било обавезно, његова је воља била закон. Заборављао их је одмах, чак и оне најлепше. Све жене са којима је икада био твориле су једно тело које је узимао по потреби, а прилику је сам стварао.

Ипак... при помисли на „онај дан", видео је Малушу како прса подмеће под мач. Одлучно и мирно. Не би морали да је вежу... Знао је... Његова Малуша...

„Нека дође тај дан, о, богови, по вашој вољи, али, кад се мој мач иступи и зарђа, а сва словенска племена буду у руској кнежевини!"

Кад је једном замахнуо, размахнуо се. Скренуо је с пута за много дана јахања, усмеривши се ка Булгару, главном граду Бугара са Волге.

Тај народ имао је обичај да онога ко узнемирава заједницу оштрим мислима и предвиђањем долазећег, са ужетом око врата оставе на кривом дрвету, да служи богу. И жреци су за жртве бирали оне који се истичу посебношћу. Неколико је непокорних људи, који су покушали да укажу на опасност од војске што издалека долази, завршило на дрвећу; да не подбуњују остале.

Руска војска ушла је у ушће Дунава, бугарска војска није издржала ни први удар. Самртни ропци бојили су ваздух у црвено.

Разоривши Булгар, и хазарски Саркел – Белу Вежу на Дону, спустио се на југ, покорио Касоге на Северном Кавказу, а у повратку и Вјатиче. Причали су да се и трава у земљу повлачила пред надолазећом руском силом. Звериње би из лога избегло. Свјатослав је пленио и робио, покореним племенима наметао данак, кнежевини границе размицао.

Његов повратак у Кијев био је славодобитан.

Каганат се никада није опоравио од руског удара.

У покореном Итилу хазарска принцеза се, са руком на стомаку који се преливао испод груди, сећала златног сјаја минђуше руског кнеза.

Док је он на позив византијског цара ратовао против Бугара, рачунајући на обећани део бугарске земље, Печенези су му угрозили престоницу. Прекорен од кнегиње Олге због сталног избивања, вратио је мач у корице. То што је туђег бога узљубила, није умањивало љубав и поштовање које је мајци исказивао, па је обуставио ратовање, на неко време...

Али, није одустао од Бугарске. Већ је био задобио осамдесет бугарских градова и прогласио Перејславец на Дунаву за своје седиште. Нићифор Фока је брже-боље склопио мир са Бугарима, увидевши да његовој царевини већа опасност прети од надолазећих Руса које је несрећом својом позвао у помоћ.

Сахранивши мајку, Свјатослав следеће године одлази у Перејславец.

Када и Владимир у Новгород.

≈

Пре одласка из Кијева Свјатослав је наредио рушење хришћанске цркве посвећене светој Софији. Кнегиња Олга, да би души место ухватила и цркви трајање утврдила, завештала јој је село Бутудино. Мајке више није било, а он је презирао хришћане и њиховог слабог бога. Уздао се у своју мушку, ратничку веру.

Црква је била мала, саграђена од дрвета, са каменим постољем. Рекло би се да ће је срушити очас, док кнез чашу испије, а трајало је целог дана. Дрво се из руку отимало, а урасло камење држало се заједно, па су и најмањи камен уз велики напор једва успевали да помере из лежишта. Казивали су да им је најтеже било што су, док су цркву рушили, били тугом притиснути. Да су се из живог камена чули јецаји. Тегоба је налегла на рушитеље и једва су одолели да не одустану. Само их је страх од кнеза задржао да се не разиђу. Призивали су своје богове бојећи се злих духова и хришћанских врачбина, и разграђивали...

Док се, дан пред полазак, кнез спремао да принесе жртве, примакла му се једна жена. Бичеви светле косе, расплетене у жалости за порушеним храмом, падали су на бледо лице. Није се на то обазирала. Велика бела марама овлаш преко главе пребачена, спуштала јој се низ леђа, до паса. Танка млада стабљика, у тамној, око врата закопчаној хаљини. Прозирне лепоте, горућих очију, деловала би нестварно да није на њој била огрлица од бисера златом повезаних, по мужевој жељи за њу направљених.

Спремао се на кнежеву војну. Сад је био међу онима који су као укопани ногама у тло стајали на једнакој раздаљини од тробојног бика наливеног снагом. Повлачећи и затежући конопце набачене око гојног врата, држали су га у усправном положају. Да га тако силног и стојећег, док риче у узалудном отпору подигавши главу, принесу богу на дар.

Пробила се кроз окупљене поклонике до кнеза, испред бика обележеног белим праменом длаке између рогова. Разлегао се њен глас, висок, и страшан, надрастајући присутне, као да долази из већег тела и јачег грла но што га је имала танушна младица, док је подигнутих руку ка кнезу Свјатославу изговарала оно због чега је и дошла:

„Уби! Твоји идоли траже крв! Кнегиња Олга у гробу се преврће, цркву си њену срушио и на јединог Бога ударио! На хришћанску земљу крећеш, отићи ћеш, нећеш се вратити!"

Даље није могла. Окупљена светина била је разјарена њеном појавом. Скрнавила је жртвиште, вређала богове, и бацала чини на кнеза који се спремао да ратнике поведе у освајање. Да није врач прискочио, растргли би је.

Можда би се отимала да је имала кад, али све је ишло пребрзо.

Њен муж је, бранећи се испруженом руком од призора, скамењено гледао у жртвовано биће из кога је у танком млазу отицао живот. Удови су му омекшали, није могао да макне. Док је подигао руку, свршило се. Глава јој је била извраћена у страну и није јој видео лице, само део чела, и око укочено, загледано...

Сад је врач стао пред кнеза подигнутих руку:

„Ова жртва сама нам се понудила!"

И продорним је криком ка небу усмереним обзнанио Кијевљанима да је Перун задовољан.

Свјатослав је, уз клицање окупљених, усмртио бика. Вештим засеком прекинуо је жилу куцавицу. Крв је шикнула и попрскала и кнеза и оне који су бика држали, а врач је на то радосно поскочио.

„Крв ће непријатеља липтати као крв бика!", кликтао је.

≈

Звекет оружја и коњски топот на Адријанопољу десетоструко је био громкији са грчке стране. Толико их је било.

Свјатослав је, сигуран као долазећа погибија, стао пред своју војску. Подигао је мач.

„Не посрамимо земљу руску, оставимо овде своје кости, на мртвима срам не остаје!"

Земљу Мајку.

Мук је трајао колико да се изгуби одјек његових речи.

„Где твоја глава падне, и ми ћемо своје главе положити!", одјекнуло је из руских редова. Кренули су ка непријатељу ударајући у штитове, а смрт коју су призвали савезнички је ступала уз њих.

Тога дана су победили. Кнез Свјатослав пленио је и део плена и на мртве руске главе одрезао:

„Њихов део род ће узети."

Цимисхин је, знајући да је само привремено одвратио беду од цариградских врата, одмах окупио и оружао јачу војску. Заузели су Перејславец. Од града који је престоним називан, остале су рушевине, хујалиште духова. Ветар је, разносећи пепео, ткао покров за беживотна нагорела тела. На мртвој стражи остало је свих осам хиљада руских војника које је Свјатослав оставио да држе упориште.

Он се утврдио са војском у Доростолу. На месту где се цару Константину указао ватрени крст под којим је град основао. Свјатослав није марио за туђег бога и његова знамења. Али, нису сви у његовој војсци тако мислили.

Већ првог јутра довели су му војника, Руса чија је млада жена подно жртвеника остала. Бунцао је о сну који је те ноћи уснио, о крсту који светли и небу које гори. И помињао свеопшту погибију и кнежеву пропаст.

Није имао прилике да издуши све што је заустио. Кратким и оштрим трзајем руке, надланицом, кнез га удари преко уста, и док је војник загрцнуто пљувао крв, махну да га одведу.

„Пијана будала, истрезните га батином! Да не уноси пометњу међу људе!"

Преговори, у којима се руски кнез, у једноставној белој туници спрам блештавила злата, свиле и броката са грчке стране, држао самовласно, говорио ратнички оштро и дипломатски мудро, нису довели до мира. Дочекао је преговараче на клупи свога брода, и не помишљајући да устане пред императором. Усправних леђа, снажних ногу за под прикованих, седео је на својим условима.

Исцрпљујућа борба се наставила. Руси нису могли да се пробију, а Грци, уз сву силу и лукавства којима су прибегавали, нису успевали да надвладају Русе.

Дани су се крвљу бојили, ноћи су биле огњене. Руси су на ломаче слагали погинуле, њихове коње, али и жене... многе су са војском за својим мужевима кренуле, заједно се са њима бориле и пратиле их у смрти.

Свакодневно су Грци настојали да убију Великог кнеза, да обезглаве руску војску. Покушавали су разним варкама да га одвоје од његових, да га осаме и окруже. Мамили су га истуривши лепу девојку везаних руку на леђима, покидане одеће тако да блесак коже засени светлуцање накита којим је била окићена. И зазивали да, ако је ратник, отме плен какав му приличи.

Планyo је на то Свјатослав. Жена је имао довољно, али што не би робињу Грцима испред носа одвео! Свеједно је сваким даном главу у торби носио. Док скочи на коња, његови га јуноше окруже; уграбили су је и натраг се пробили, а вратило их се мање него што је кренуло.

Кукавица је кукала на обе стране.

Искусни ратник, император Јован Цимискин, Јерменин, позвао је Свјатослава да одмере снаге. Не до мртве главе, него до победе једног од њих и окончања страхотне погибије.

Руски кнез у своју ратничку надмоћ над Византинцем „кога би и купа медовине оборила", није уопште сумњао, и у искушењу да пристане, замишљено је гладио дуге бркове.

Послао је по жреца. Иако их је све одреда сматрао смутљивцима који шурују са злим силама да би учврстили своју моћ, и наравно, увећали иметак. Али, био је довољно паметан да се не спори са њима. С времена на време су му требали да потврде и оправдају његове одлуке, а иначе их је уз дужно поштовање држао подаље, да му не саплићу намере.

Жрец је поређао кости на камено постоље, затраживши претходно да кнез три пута хукне на њих, и прекрио их скутом. Мрмљао је само њему знане речи док је покушавао да повеже садашњост са будућим. Расклонио је скуте, и устукнуо. Покупио је кости брзо и отишао промрсивши кроз зубе да кнез никако Грцима не верује. А то је Свјатослав знао и сам. И одбио је позив на двобој.

Ноћ је била страшна. Густа и јака киша, сабљасте муње и громови земљу су потресали као да јој из утробе долазе. Богови су канда небом ратовали, а по земљи огањ просипали. Хришћани су шапутали молитве, у руској војсци зазивали су Перуна, молили га да се небо над њима не провали. И једни и други надали су се да је тај плам добро предсказање за њих, а погубно за непријатеља.

Следећег дана, у претећем облаку који се подигао са југа завејавши Русе, хришћани су спазили Светог Теодора Стратилата на белом коњу. Божји војник пробијао се напред, незаустављиво.

„Свети Теодор гази паганске хорде!", ширило се византијском војском.

Причали су да су свеца одмах препознали, надали су му се. Једној је девици у граду претходне ноћи на сан дошло да ће он хришћанску војску спасити, и глас се пронео.

Руси су застали, прашином посути и заслепљени, а хришћани су јуришали, понети присуством божјег војника. Врач је сведочио да је и сам видео неког борца светлоносног. Помислио би да је посланик или син Перунов, да се није борио на страни хришћана.

Тек кад је погинуо Иквор, војвода што је војсци крила ширио, а причало се да их је сам имао под пазухом, разгонећи све пред собом у олујном лету, а кнез Свјатослав кроз леву мишицу прободен и кроз десну слабину где је мач склизнуо окрзнувши му ребро, Руси су пристали на мир.

Грци су их снабдели залихама хране уз обећање да ће Печенезима послати емисаре са поруком да као госте приме и испрате оно што је преостало од руске војске.

Презимили су на обали Дњепра, на шкртој туђој земљи видајући ране, и пролеће су дочекали још више ослабљени.

Врховни врач је, не говорећи о долазећем које сагледава, а не може да спречи, одлучио да сачува главу и мучке пошао за Свенедом.

Варјаг Свенед, саборац и саветник кнежева Олега и Игора, и учитељ кнеза Свјатослава, бирајући искуством старог борца поузданији пут, повео је копном оне што су били у бољој снази, оставивши кнеза са немоћнијим делом војске на туђој земљи.

Тражио је да сви крену, али Свјатослав је, вођен бригом за рањенике који би јахање и дуги марш тешко издржали, одлучио да иде лагоднијим воденим путем. Био је противан да се војска дели и раздваја. Свенед је само окупио људе и отишао, а кнез, чак и да је хтео да га на силу задржи, силу није имао.

„Ако ми небеса помогну да се у Кијев вратим..."

Стегао је зубе, а међу зубима клетву.

„Враћају се Руси преко ваше земље, изгладнели и израњављени, а велики плен и благо носе" - стигла је дојава печенешком кнезу.

Печенези су их сачекали у заседи. Уследио је муњевити напад ратника турског племена уз језиво, вучје завијање.

Свенед је стигао у Кијев, и оне који су за њим кренули довео кући. Али, чим су се од кнеза одвојили, ни дан хода нису прешли, пред њима се накострешио црни вук искежених очњака. Из тмулог режања извило се завијање. Скок је уследио пре него је грозовити звук истекао. Копљем прободен, успео је да Свенеда за бедро угризе. А угриз, уз сав труд врачев, није зарастао. Отров се из њега целим телом ширио, и Свенед је у мукама стигао у Кијев и смрт као спас дочекао.

Кнез Свјатослав је остао са својим борцима на острву Хортице. Отишао је, није се вратио, како му је и предсказано.

≈

У међувремену хазарска принцеза, из рода Ак-Хазара, беле и осетљиве пути која тканину, сем свиле нерезане и иглом небодене није на себи трпела, плавих очију испод укрштених белих трепавица, и црвене косе у коју је уплитала бисере, родила је сина.

≈

Владимира су пре свитања пробудили злогласом о очевој погибији. Неми плач му је стегао грло. Сањао је те ноћи како се заљуљао Перунов кип, а он уплашено мотри да ли ће пасти и кога ће онако грдан убити. Из тог сна су га тргли злехудом вешћу.

Отац, горостас налик богу! Најјачи. Пео га је на колена, бацао увис, учио га да лови... Отац, поражен и погубљен. У тридесет и трећој својој години, у највећем освајачком успону.

Могао је да освоји свет!

Неки је свети Теодор помогао Грцима па су Руси, принуђени на мир, кренули кући, преко земље печенешке.

„Зашто је Перун то дозволио? И Волос? И... Род? И... о, богови!"

Сећао се, причали су му како су се Руси обрели пред вратима Константинопоља још предвођени Асколдом и Диром, али су се, уместо да град заузму, повукли пред црквеном врачбином патријарха

Фотија. Он је, видевши да ће град од Руса пострадати, у процесији пронео око градских зидина чудотворну одећу, божанску ризу Свете Богородице, и скуте јој у море смочио. На то је море устало, и буром, ветровима и бесним валовима разбило о обалу руске бродове, да су, иако су већ били надомак победе, једва главе извукли.

Олег је закључио мир са Грцима пошто је небо на западу засекла велика звезда у облику копља. Волхви су тврдили да је дозвана хришћанским молитвама, и да је претећи усмерена ка руској војсци.

Игора су из Константинопоља грчком ватром на мир присилили. А отац... обезглављен печенешким мачем.

„Редовно им приносимо жртве, зашто су устукнули пред туђинским богом?"

Неколико је пута у Кијеву чуо разговор између бабе и оца. Свјатославу је о правој вери говорила, молила га и страшила Божјом казном не би ли се обратио.

„Да се одрекнем наших богова?! Перун би ме муњом спржио! А моји би војници скапали од смеха. Да се Свјатослав женски кланша и љуби скуте свештеницима, да се моли једном немоћном, распетом богу? И право би било да ми се смеју!"

„Ти си кнез, ти си вођа. Ти први спаси душу своју. Како ти одлучиш и други ће за тобом."

Увек су се ти разговори исто завршавали. Кнегиња је остајала потиштена због његовог одбијања, а он би, не желећи да је увреди, покушао да све изведе на шалу. И остајао при своме.

На сахрани Олгиној опори ратник Свјатослав је плакао за мајком, не скривајући сузе. Тешка срца, ипак је дозволио да буде сахрањена по нечасном хришћанском реду.

Владимир је прогутао и сузе и крв, загризавши изнутра образ на вест да је печенешки вођа Курја од лобање његовог оца направио пехар из кога је пио и славио победу.

Не обазирући се на приговоре ујакове, а и других војвода, дао је да се наблизу дрвеном богу постави камен, у спомен на оца који није добио буктињу брода пуног меса и крви. Са њим није отишао слуга, ни робиња, ни коњ, ни пас... И да се на том камену уреже лик слуге, и жене, коња, пса, и петла, и посуде са храном... Испред њега је спалио појас, једну од ретких очевих ствари које је Малуша чувала као реликвију. Не би ли се Перун смиловао на кнежеву душу и дозволио да се долично придружи прецима.

Све онако како је у сну видео; ноћи по очевој погибији, на наговор старе дадиље Свјатослављеве, преспавао је са тим истим очевим појасом испод узглавља.

Малуши је то постављање спомена личило на хришћански обред, у Бутудину је било хришћана међу њој драгим људима, па им је обичаје познавала. И село је неко време било под окриљем цркве, оне коју је Свјатослав срушио. Свјатослав... Од како га је упознала, на двору, све су јој године биле испуњене његовим именом. Ни за шта га није кривила. Ишло је како мора.

Свјатослав, гепард, мислила је да је вечан, његових се загрљаја сећала као да је све било јуче, неће се вратити, никада...

Тамо, у селу, била је у искушењу да пригрли нову веру, додирнула ју је као утеха, али, то није била његова вера. Решила је да се са боговима не сукобљава, нек они међу собом расправе ко је јачи. Њену су судбину увек други одређивали, родитељи, брат, кнез, кнегиња Олга... Старе богове је баш било брига за њу, у празно им се молила, да ли је овај другачији? Кажу да је Христ из љубави према људима страдао...

Владимиру се испунило како му је она баба на рођењу прорекла. Сноп светлосни је пао на њега, пут му усмерио, зашто би се она мешала у одлуке од бога изабраног, који год да је бог то био.

Не, она је у хладу и ту ће остати. Њен једини син, вољени, ужива заштиту неког бога. Зна шта ради, и зашто.

Обавио је што је намислио, уз негодовање и гунђање зловољног врховног жреца. Потом се преклонио пред богом и залио жртвеник медовином. Изгубио је оца, остао му је Перун.

„Све сам ти дао што си тражио. И овај сам ти камен дао премда га ниси тражио! Сети се жртава које ти је Велики кнез Свјатослав приносио, и глава којима се коље китило, у твоју славу! Нареди Морани да мог оца одведе његовим прецима где ће заузети своје место, уз Игора, Олега, Рјурика. Ти то можеш, о Перуне!"

Кијев је добио новог кнеза и Новгород је ускоро почео да шаље данак Јарополку.

Од како га је мајка у једној прилици прекорила због непажње, Владимир је брижљивије покривао десно раме.

Гризао је ражани хлеб са слашћу, комаде меса заливао медовином, веселио се уз музичаре и забављаче, проводио се с робињама.

Дисао је са својим градом и чинило се да му је све потаман. Све има своје време. Сетва, дозревање, жетва, научио је то на новгородским пољима. Медовина је слатко и опојно пиће, и богови га пију, али у незгодно време испијено и најслађе пиће може да помути главу и велику штету учини.

Чекао је.

Земља живу реч у себе не прима. Ширином руске земље ветрови су пронели глас да је Курја, погубивши Свјатослава, његову главу добио, али не и минђушу.

Зло по њега, а добро по Русе.

Курја је, рекоше, у бесу посекао војника који је подигао главу руског кнеза и ставио му је на руке. На њој не беше драгоцене минђуше, чак ни трага на увету од ње није било.

Владимир је затражио купу вина кад је реч стигла до њега. Отац је опет победио!

А на онај камен су почеле најпре жене, у пролазу, да остављају воће, комаде хлеба, мушкарци су га заливали медовином. За душу кнежевог оца коме су богови окренули леђа.

3.

У сан је почела да му долази, и у сну му се подсмевала. Данима се није приближио ниједној жени, нити је принео жртве Јарилу у време које је уобичио од кад се у њему пробудио и разиграо мушкарац.

Није се у Новгород вратио да га понизе, већ да заузме своје место.

Време на које је чекао, дошло је.

Јарополк је свргао Олега, завладавши и древљанском земљом, а затим послао намеснике да у Новгороду преузму власт.

Двоумица је ломила Владимира. Јарополк му је послао својеручно потписано обећање да неће на њега, на брата, руку да дигне. Олег је несрећним случајем погинуо, писао је, и он не треба да се боји, само нека прими намеснике и покори се старијему.

„И да он не би", рекао је Добриња, „око њега су бољари, ратници, волхви... Смакнуће те да осигурају власт своме кнезу, и себи. Боје се да, док ти још мало крила порасту, можеш на њих да удариш. Да улети кобац међу кокошке. Знају те кад си још дете био, кад си у лову, заједно са старијима, дивљег вепра за кљове хватао док је Јарополк поиздаље гледао. Ти си претња, и претња је над тобом. Спреми се за пут."

Владимир се приклонио, измакао пред наступајућом опасношћу и две године лутао морима. Лепокоси Олаф Тругвасон, син краља норвешког, није се од њега одвајао. Олаф је пресудио очевом убици без чекања на суд и правду, препознавши га у мноштву на тргу, а у кнезу нашао заштитника који је разумео његов поступак и спасао га смртне казне за убиство предвиђене. Тих година живели су варјашким животом, делећи плен и жене, поигравајући се опасностима, и уговарали међу Варјазима савезнике.

Варјази су ратовали за злато и земљу. Плен им је обећао, земљу не.

Две године луталачког живота прекалило је Владимира, и он је, наливен снагом, постајао нестрпљив.

„Новгородски снегови... пожелео сам их."

Снег... као да гази по облаку, а он шкрипи. Све је бело, чисто. И светло. Тако је замишљао пребивалиште богова, испуњено вечном светлошћу.

Једног јутра освануле су у новгородској луци. Олаф са две галије пуне ратника, и мањој и већој прамац је био изведен у облику позлаћеног змаја, а са Владимирове, црвено офарбане, вијорио се барјак са трозупцем.

Кад се Варјагу роди син, он извади мач и баци га на под као понуду новорођенчету, узвикнувши:

„Сине мој, ништа ти нећу оставити, све што будеш имао, зарадићеш оштрицом мача својега!"

Ако Свјатослав и није следио овај обичај при рођењу својих синова, Владимиру се тако стекло. Баштинио је мач, кнежевину је морао мачем да задобије.

Од њега се, по старом закону, тражило и да освети крв брата Олега.

Кнез Полоцки требао му је као савезник. Рогволд је мирно владао Полоцком, градом на северној обали западне Двине; није био вољан да се меша у сукоб између Свјатославича, али, био им је на путу.

Владимир је, ојачан Варјазима и искуством ратника, имао силу која не моли него отима. Високи и плећати, мрки од сунца и орни за борбу, Варјази тешким мачевима као од шале витлају, па чак и велике штитове у оружје претворе... И у налету косе све пред собом. За њима ће, части и плена ради, поћи и Новгорођани, Чуди, Кривичани.

Жени коју је оставио у двору бујна природа није дозволила да стрпљиво чека на мужевљев повратак, далек и неизвестан. Седам месеци после његовог одласка, Олава је зором отпловила са грчким трговцем заведена погледом тамних, безданих очију. Сина је поверила дадиљи, у очевом двору где му ничега неће недостати. Надала се да је тако господар неће тражити кад се, и ако се врати.

Да га о томе нису обавестили одмах по повратку, не би ни приметио. Она му се ни по чему од других жена није издвајала, сем што су је прогласили његовом. Памтио је само да је у косу уплитала миришљаве траве, да је жмурила смејући се и да је имала ожиљак на левој бутини, позади, где ју је кљуцнуо петао кад је била мала па се кожа сврчила и тако остала.

Питали су га да ли да је потраже и врате. Кратко се насмејао и одмахнуо руком. Важно да је сина оставила, имао је превише других брига да би се њоме бавио.

Исти они који су га Олавом оженили, закључили су да би његовом положају добро дошла нова жена, и кнежевски таст, а он се сложио. Тим пре што је чуо да је она о којој му је ујак говорио обећана Јарополку!

За Јарополка је већ био спреман да се пошаље комад глине са утиснутим трозупцем и објавом рата. Морао је да ратује против брата под притиском војвода и бољара. Ускомешала се сва дружина, побунили су се против Јарополкове владавине који је древљанску земљу од Олега отео, а Владимирова кнежевска права ограничио намесницима.

Тражили су да крене на Кијев.

Седео је сам целог дана, ниско спуштених већа, са доњом усном између зуба.

Дворани, слуге, робови, ко год је могао тих дана се склањао пред притајеним кнежевим гневом. Добриња је знао шта му је, он је све и закувао пославши изасланике да затраже кнегињицу Полоцку за Владимира, али, и он се склонио у страну, чекајући да сазри оно што је проклијало под њеним одговором, и како је могао да процени, бујно нарастало, као коров.

Сваки створ, и свака травка, и зрнце прашине и планина громадна, све има свој разлог да буде.

И свака реч. Посебно реч. Јер бејаше на почетку, реч.

Довели су му Вјачеслава, прворођеног сина не би ли се разгалио. Дечак је главом и плавом, на темену беличастом косицом до ивице стола досезао. Одскочио је, стегнувши се да не заплаче, кад његов отац, занет мислима и обузет јарошћу, бесно удари песницом о тврдо храстово дрво. Добро уковани сто и не шкрину, а кнез махну руком и поруши све на њему. Дадиљи је показао врата и она клизну кроз њих заједно са дететом..

Да се Вјачеслав није огласио, потпуно би заборавио на њихово присуство. Ни син првенац није могао да ублажи оштрицу увреде и испере горчину.

Био је кнез, али је свеједнако био копиле! Син служавке, рекла је. Јарополк би био добра прилика, али сину служавкином неће она да изува чизме! Робињићу! Дигноглава кнегињица Роња, кћи кнеза Рогволда.

Гледао је претходне ноћи у сну подругљиви осмех на лепом женском лицу, охоло подигнуте браде. Истурени очњаци беласали су се мимо осталих зуба, а насмејак се претварао у кикот који су прихватили сви његови дворани, па и ова робиња што му се увек податно под руком увијала, и која се сада пред њим држала покуњено и недужно. Подвила је реп као да зна да му се и она у том сну подсмевала. Кучке! И једна и друга!

„А за Јарополка би, кнежевића у свили рођеног, пошла! Е, вала нећеш!"

Видеће она, тешио се осветом, ко је кнез Владимир кога је мајка у сену родила уместо у ложници како је требало, јер, отац му је био кнез ако је Малуша и била кључарка!

Послао је брату гласнике са трозупцем Рјурикида у глини пресликаним, исте оне намеснике које је Јарополк у Новгороду поставио у своје име.

„Кажите брату моме да идем на њега!"

У зору је главни Перунов врач, Блуд, принео жртву. Не на жртвенику у подножју кумира како је било уобичајено. Живе и животворне, боголике жртве није приносио уз клицање острашћене гомиле, у присуству мноштва, већ само пред оком бога коме су намењене, да би му стигле чисте, неокаљане.

Ишао је незнатно повијених леђа и главе, колико да му се очи тешко сагледају. Зрело животно доба и углед свештеника нису му нимало одузели од ратничког изгледа из младости. Није одувек био врач, био је ратник док га богови нису кроз једну тешку грозницу из које је једва изашао, преобратили у свог посредника.

Спремао се да са кнезом крене на Кијев. У ствари, пре њега је требало да пође, да у лику пребега приђе Јарополку, приближи му се, додвори и примени све што ситуација буде истиснула, без ограничења. Али, говорећи то, кнез је мислио једно, а Блуд друго.

У руци је држао штап којим се подупирао у ходу. Чворноват и дебео штап, више батина, давао је његовом изгледу додатну снагу. Где год је ишао, око њега је простор био празан. Клонили су га се. Богови су кроз његове речи своју вољу саопштавали. Довољно је било да на кога покаже штапом, речи би биле излишне.

Кад се каква болест појави, није га требало звати, сам је долазио. У торби од грубог сукна, воском облепљеној, чија се првобитна боја није распознавала, носио је травке, и разне прашкове чији је састав само он знао, а дејство су осетили многи. Бојали су га се и кад им је добро чинио.

Дуго је већ десним оком, које је мрена поштедела, попреко гледао бунџију Мстислава који, не само што се најжешће на Волховском мосту тукао и наметао своје замисли, него је саветујући кнеза, и у посао врача почео да се меша. Са уснама дрско извијеним у изазов, непокорни злодух!

Радо би га послао прецима, па нека њима мути воду ако му дозволе!

Овога пута у шуму је, праћен помоћницима који су га се и сами бојали, повео једног роба, лепог лика и тела извајаног и белог као да се у млеку купао, богова достојног! Лично га је купио на тржници водећи се белезима само њему знаним и видљивим. Богови су тачно знали шта хоће, и кога. Његово је било само да то спроведе. Претходног дана је пристигао у луку варјашки брод пун робља, па је могао да бира, додирујући и загледајући, наслађујући се.

Обавио је обред пре сунца, у наговештају дана, голим рукама које је пре тога опрао водом са три извора захваћеном и смешаном у дрвеној посуди од комада јеловог дрвета без чвора.

Жртва ни гласа није пустила, Блуд јесте. Његов крик био је дуг и језовит. Победоносан као да је целу војску надвладао, а не роба везаног кога су при том држали помоћници. Тај поклич је означавао да је божја воља испуњена, и да је бог примио понуду. Остало је беживотно тело на узвишењу...

У повратку, бацио је поглед ка сенци која се са првим зрацима Сунца дужила са громадног кипа пречећи им пут, и промрмљао:

„Ако не будеш задовољан... биће још", мислећи при том на Мстислава и његов тврди врат, несавитљив, што му је главу пркосом уздизао, око кога би са слашћу обавио дугачке, чворновате прсте.

Моћ над људима одваја човека од људскости. Страшан постаје човек кад дела у име бога, своје науме спроводећи.

Кад се осећа као бог у двострукој је заблуди, бог није, али и човек престаје да буде.

≈

Рогволд је лежао савијен као да нема кости, поклопљен на стомак, глава му је била искренута ка таваници, очи раширене. Одсуство ужаса у њима потврђивало је да он не гледа кроз те празне очи, да више у телу не борави. Путује између неба и мора, ка прецима.

Синовима се његовим исти тај пут отварао. Стајали су у углу просторије осветљаване бакљама, немоћни, копаља уперених им у трбух, са мачевима под вратом, не могавши да отклоне поглед од страхотног призора.

Мстислав, онај кога је Блуд дуго већ са омразом гледао, а Владимир га пак, због бујне његове природе, храбрости и необузданости, радо близу себе држао, нареди да их изведу и затворе. Био је угледник, из бољарске породице, али, то га не би заштитило, жрецу је везивао руке кнежев пријатељски однос према овом војнику. Своју пажњу, посебно награде и плен, кнез је делио дружини нештедимице и праведно, трудећи се да нико не буде ускраћен ни запостављен, али појединци као Мстислав и братску љубав су уживали.

Из дворане су једна врата водила у малу собу, оставу. Тамо је нашао Рогнед. Недовољно је брзо покушала да се сакрије, мотрећи шта ће бити са браћом и оцем. Иза затворених врата зачуо се врисак, једина одбрана која јој је преостала. Не би се огласила да је на њу мач потегао. Али није.

Руке јој је спутао на леђима, танким и оштрим ужетом варјашким које се у месо усецало; лежећи на леђима притискала их је својом тежином. Намера му је била да је тако везану и понижену кроз двор проведе, да јој врати увреду. Само то.

Док му није презриво, кроз зубе, у немоћном бесу у лице сикнула:

„Робињић! Копиле!"

Њена брижљиво скројена црна хаљина испод златоткане далматике, била је потргана и задигнута све до бокова а млечна бедра ишарана руменилом; нетакнута кожа бранила се од насилног додира. Риђи праменови косе извукли су се испод златних колутова причвршћених уз слепоочнице свиленим тракама, и пали на раздрљена недра, док се извијала узалудним напоном. Једна, срмом извезена и сребром опкројена папучица лежала је одбачена и преврнута, као у знак предаје, друга, на левој нози, била је савијена и притиснута прстима о под тако да је вез на њој попуцао.

Клечао је између њених, у грчу подигнутих колена. Роња отвори уста за нови крик, он јој гурну руку међу зубе. Загризла је свом силином у тврди мушки длан. До крви.

То га умири. Застаде, па без журбе, не осећајући њене зубе, гурну длан дубље, притисну јој главу, а стег вилица попусти. Више није могла чак ни да вришти. Оставши без ваздуха, предаде се. Дах смрти грозио је свима тога дана, она га осети на лицу и сва побуна њеног бића устукну.

„Нећеш да изуваш робињића! А?"

Тама је надирала.

Ветар ју је удувавао и наносио кроз разваљена врата велике дворске сале. Крупни Варјази у челичним панцир-кошуљама искованим у новгородским радионицама, окрвављени, још са оружјем у рукама, али одложивши од себе дуге штитове јер све је већ било готово, буктињама су осветљавали дворану.

У малој соби, са капцима на прозорима и запретаним вратима, издисај дана се у црнило прометао.

Једна се хладна сен из те таме издвојила и под груди јој легла.

И Роња замре. Осетивши препуштање, Владимир извуче руку из њених уста и обема рукама, наслађујући се више осветом него пуноћом њених бокова, повуче је ка себи.

Није писнула. Чак су јој и сиве, тамном бојом исцртане очи, биле суве. Тмина се увукла у њих па су, широм отворене, дошле готово црне.

≈

Зна се да сила отме земљу и градове, а неће жену!

Рогволдове синове, на миг старешине, убили су Варјази чим су их извели из дворане. Кнез би их радије својим вазалима прогласио. Да је могао, он би спречио и убиство старога кнеза.

„Од мртве главе користи нема ни на једној страни, од живог се штотша може добити", говорио је.

Није је, како се кнегињица Полоцка побојала, дао својим војницима за забаву. Ни пре ни после тог догађаја, није жену на силу узео. Било је бунтовних робиња, ћудљивих и неприступачних лепотица, али он је знао много начина да их приволи на љубав, а ниједан није био насилан.

„Безродни! Робињић!", горело је у њему. Борбени занос и осветнички плам уродили су нанетим јој понижењем. Сталожило се то и повукло, и кнез се понео према девојци у складу са њеним кнежевским пореклом.

Обоје су се угризли за језик. Она, видевши последице своје охолости, због речи непромишљених, он, због дела нечасног. Увидевши да зла реч добро не доноси, Рогнед ју је, први пут кад су је пред њега извели, повукла.

Није могла да опрости смрт оца и браће, покорила се не би ли лакше провела освету. Убрзо се нашла у власти противуречних осећања која су је ломила, а сазнање да Владимир није наредио убиство Рогволда и синова му, одложило је њене осветничке намере. У недоглед...

Постала је руска кнегиња. Име су јој променили у словенско Горислава, Велики кнез сместио ју је у двор на Лебеди и својом женом учинио. Четири је сина са њом изродио: Изислава, Мстислава, Јарослава, Всеволда, и кћер Престславу.

≈

Његова је војска бујицом надирала, и Јарополк је, да спасе главу, са бољарима избегао из двора на Гори у утврђење надомак града.

Блуд је био ту и знао је шта треба да уради да би Владимирова владавина била трајна.

Најпре да спречи Јарополка, избеглог из Кијева, да потражи савезнике међу Печенезима и другим племенима и нападне јачом снагом. Обећао му је помиловање ако се врати у двор.

Владимир је старијем брату понудио опроштај. Руска је земља велика, има је и за више од два кнеза, да брат на брата не иде, рекао је.

„Из једног смо гнезда излетели, Свјатославичи. Покори се, тражи опроштај за смрт брата Олега."

По Блуду је послао поруку. Лукави је жрец свуда пролаз имао; не верујући Јарополку, смислио је свој план по коме у борби за власт није било места братским осећањима. Јарополк је завршио под варјашким мачевима, а Блуд је то прогласио несрећним неспоразумом.

Опасан супарник је уклоњен и Блуд је очекивао награду.

Владимир је постао једини руски кнез.

Није желео крв брата на својим рукама иако се Јарополк у очајању обратио за помоћ печенешком вођи, Курји, који је из очеве лобање пио! Издао је оца, његова је смрт воља богова и Блуд за своје злодело није био кажњен. Али, није био ни награђен.

Приметио је да га кнез држи подаље од себе. Прогутао је увређено негодовање. Надао се да ће, кад тад, пронаћи минђушу кнеза Свјатослава, за којом је у потаји трагао и на уходе и дојавнике трошио богатство. Само кад би је нашао, знао би да њену моћ употреби.

Моћ може и на зло и на добро да се оврати...

Није знао да је Владимир, ноћи након убиства Јарополка, у очима жене што је уз њега лежала, видео братовљев поглед. Онај кад су, још деца, не могавши да се договоре ко ће то да уради, заједно откинули главу птици уловљеној у замку. Посветили су је Перуну, да би им оца чувао. Била је то црна птица, сјајног перја, жутокљуна. Срце јој је тукло као да ће да пробије кости и перје и искочи пред њих. Олег је стајао са стране и плачљивим гласом мољакао да је пусте. Повукли су у исто време, на Јарополков миг, он је био старији.

„Сад!“

У Владимировој је руци остала глава, у Јарополковој труп. Крв им је капљала по ногама. Олег је стајао са стране, окренут леђима, повијене главе.

Јарополк је празну руку испружио и ставио на раме Владимиру. Били су већ исте висине, Владимир је брзо растао.

„Брате мој“, рекао је. И гледао га у очи. Никад нису били ближи.

Синови истог оца, Великог кнеза Свјатослава.

Те ноћи, чувши за погибију и другог сина, мајка Јарополка и Олега говорила је хазарски, иако није био пун месец. О Арпаду, првом мађарском краљу, кога су Хазари устоличили, по свом обичају подигавши га на штитове. О успону мађарске државе, о ритуалном убијању хазарских владара које је навукло пропаст на хазарску државу; убијајући своје владаре сами су себи главу кидали. И о Кијеву, граду змајева огњених, који је Рјурик заузео мирно, без крви, док су Мађари измакли пред Печенезима, остављајући Хазаре без заштите са западне стране, чиме су му и не хотећи помогли. Рекла је још да ће Кијев цветати и златом бити урешаван, а доћи ће време да ће крвљу бити купан и ватром сажган, али ће трајати док буде земље на којој је, јер је рука бога над њим. Синове своје није споменула. И никада више није изустила ни реч.

≈

Кијев. Задобио је град који је кнез Олег назвао мајком руских градова.

Олег је, после Рјурикове смрти, кренуо из Новгорода на југ. Стигавши до Кијева погубио је Асколда и Дира, који су се били од власти одметнули и своју спроводили. Нису били кнежевске крви, и то је био добар изговор. Опоменуо је људе да је град без кнеза у немилости богова, на ветрометини злих сила и демона. Поставио је испред себе малог Игора, наследника у чије ће име он кнежевати, док дечак не пристигне.

Асколд беше већ примио хришћанску веру, преломљен кад патријарх Фотије, на захтев неверника, помоливши се Богу, стави у огањ Пресвето јеванђеље и оно не сагоре.

Али, не због вере, због кнежевине и власти над земљом бејаше убијен, а хришћани га сахранише по свом реду. Много касније, на истом укопишту, поред његове могиле зацрнела се и хумка кнегиње Олге, у хришћанству Јеленом наречене.

Човек и земља похлепни су једно на друго. Од како је на земљи постао, човек се о њу отима. Народ са народом, кнез са кнезом, брат са братом, отац са сином... И све док га земља не узме, човек за њом жуди.

Оног сеновитог дана Роња, потоња Горислава, осетила је крхкост живота и предано се држала његових уза паучинастих.

Али, очи су јој остале црне.

Само кад би јој кнез дошао, освајач, сурови ратник и распусник који је одасвуд доводио нове робиње а већ их је имао на стотине, кад би јој он, према коме је понижена и занемарена, силну јарост осећала, пришао насмејан и светао, Ласковиј, силовито је подигао и завртео укруг, у њеним би очима кроз радост блеснуо траг некадашњег сунца.

И угасио би се чим се врата за њим затворе.

4.

Самим постанком Кијев је за благостање, успех и свако добро био предодређен.

Пет векова уназад од Владимировог кнежења основао га је Киј, ковач који је кроз свој творачки занат био у дослуху са огњеним силама, упућен у тајне земље, неба и подземља. Водено и копнено пространство, шуме и степе, прекинуле су његово лутање. Нашао је све што је било потребно да људи који су га дуго следили у потрази за стаништем, ту град саграде.

У ноћи пуног месеца, кад све буја и надолази, исковао је плуг и заорао бразду у земљи која се обећавајуће отварала под ралом, омеђивши њоме насеобину. У плуг је шестокрилог змаја упрегао и он је бразде изоране ватреним дахом запахнуо.

Шест је ноћи змаја мамио бачвицом медовине, топлом, тек испеченом погачом, и сестром својом, нетакнутом девојком мирисним травама окађеном. Погачу и медовину је у шупљину старог храста метао, под храстом је девица чешљала сребрну косу и танким појем змаја дозивала. На дрвету је чекао Киј, са јаком рибарском мрежом, без икакве одеће на себи, тела намазаног крвљу петла да змај не би осетио човечји мирис. Седме је ноћи тек змај долетео. Чим је главу спустио девојци на скуте, пала је мрежа на обоје, и змају су се крила у њено ткање заплела. Прискочила су из заседе Кијева браћа, Шчек и Хорив, и набацили на њих још гушћу мрежу.

Знало се да змај женама само у потаји прилази, њихова га близина слабијим чини, умањује му моћи, са човековим их изједначава. Снага му је смалаксала од близине девојачке која се уз њега по Кијевом наговору приљубила, па је, да би се из мреже избавио, пристао да узоре бразду око града.

Град је опасан двоструком ватром, небеском и земаљском, запахнут моћима огњеног змаја кога је водио Киј, ковач ватроносац, што је гвоздено рало саковао. Град се по њему Кијевом назвао, а по браћи његовој названа су брда Шчековице и Хоревице. Сестра им се Љебеда звала, и тако је именована притока Дњепра где су свраћали и напајали коње.

Снага гвожђа у коме се силе добра и зла одвајкада за превласт боре, заштитничка је, али и ратоборна, па је Кијеву од постанка наречено да из њега крећу победнички походи.

Мали Владимир је на очевом двору чуо причу о Кију и његовом змају и није је заборавио. Кад хотимице, кад несвесно, гладио је белег на рамену. Њему је личио на змајево крило.

Змај који је рало Кијево вукао, вековима је младе жене ноћу обљубљивао, па су змајевску децу рађале, са обележјем које је о њиховом пореклу сведочило, и огњевитом стазом их водило. Био је уверен да и он потиче од змајевских предака. Ниједан од његове браће није имао такво означје, проверио је то у игри и на купању, више пута, док су још били деца.

Свјатослав, ратник који је поразио Хазарију и Бугарско царство, у налету, да гдекуда за руском војском није остао ни најмањи плод у врту, ни лист на грани, бугарски град Перејславец сматрао је средиштем својих земаља. Ту су се сливала блага са свих страна, из Грчке злато, свила, вино и воће, од Чеха и Угара сребро и коњи, од Руса крзна и восак, мед и робље. И желећи да га учини својом престоницом, радо је тамо проводио време.

Владимир је био веома задовољан да столује у Кијеву, раскрсници водених и копнених путева, смештеном на међама северних шума и јужних степа. У граду над којим су бдели најмоћнији богови, Перун, Сварог, па и викиншки громовник Тор, мада се полако повлачио пред словенским божанствима.

Двадесетогодишњи кнез ујахао је у престоницу кроз Златне двери, главну градску капију, на белом коњу чија се грива, окићена кићанкама и ситним бисерјем, вијорила, што од ветра, што од бесног пропињања атовог. У инат ветру и поиграван>у коња, на рамену му је мировало бело перо као да га је невидљива рука држала баш на месту где је од рођења имао белег. Нико из његове пратње није на то обратио пажњу, а и да јесте, не би придао значаја, било је толико голубарника на крововима кућа...

„Слава кнезу Владимиру!"

„Слава, слава кнезу Владимиру!", враћао се одјек са улица, тремова...

5.

А Новгород је на управу Добрињи остао.

Причало се да је војвода близу оног спомена исклесаног из једног комада камена, који је Владимир у жалости за оцем дао да се на брду постави, у сенци оближњег храста, закопао велико благо. Да је, бојећи се лопова, чак и од своје деце сакрио ковчежић од рујног дрвета дуње, сребром заливен. А благо је једном на годину, оне ноћи кад папрат цвет заметне, процвета и прецвета до јутра, сабласним сјајем светлело изнад земље. Не једне, бројних су ноћи Новгорођани прекопавали брдо, нагађајући да ли је сакривач месечеву или сунчеву сенку следио. Њихова упорност није јењавала насупрот Добрињином подсмешљивом порицању.

Кад му је додијало, поставио је стражу поред камена, два мужика нагаравељених лица, са тољагама, па су неколицини леђа премерили, и људи су се оканили јалове работе.

Камен је нестао пре истека године од тог догађаја. Као да се истопио под снеговима новгородским, није на том месту дочекао цват следеће папрати, нити га је игде било у близини. Шта се збило са каменом на коме је уклесано све што Свјатослав није, а требало је да на онај свет понесе, није се знало. Ни траг за њим није остао.

Причало се да су се баш због шара урезаних полакомили на њега трговци и однели га.

Али је остала и прича да је камен заједно са благом у земљу пропао, и да ће попут траве изникнути ко зна где. Да сен кнеза Свјатослава чува и камен и благо, па ће се, ако ће и векови проћи, отворити одабраном мушкарцу, жени или недораслом детету, у ноћи кад папрат процвета и говор немушти човеку подари. И да је Добриња некако дошао до минђуше кнежеве која је измакла печенешком вођи, и у ковчег је саклонио са осталим драгоценостима. Једнога дана поново ће се наћи на увету Рјуриковог потомка коме су белези распоређени како су били на телу кнеза Свјатослава, а посебно је важан онај крилати. И обезглављена сен ће наћи мир.

Кад се појави, то ће знамење велики бољитак руској земљи донети и благостање крају и земљи у којој се нађе.

6.

Чисти Новгород, поплочаних улица, могао се у поређењу са Кијевом назвати Белим градом.

Прво је Владимир прошао кроз капије Подола, сиромашнији део Кијева. Са друге стране дашчара утонулих у глиб и блато, биле су „хати", куће изграђене од мешавине дрвета и цигле, покривене земљаним крововима. Долазак војске коју је предводио, изглед варјашких ратника, и сама кнежева појава, изазивали су радозналост и удивљење. Најпре плашљиво, па све гласније, чуло се клицање. Жене су пред њега бацале цвеће, и кад би у лету цвет ухватио, кнез би га на прса прислонио, па узвратно хитнуо ка њима.

Било је и затворених прозора и подозривих погледа, Јарополк је имао својих присталица и није био преко ноћи заборављен.

Тек су закорачили на Пијачни трг а Олаф скочи с коња и притрча кнезу. Сви стадоше. Њему је све било дозвољено, па су људи из кнежеве пратње са радозналошћу, али без имало зебње ишчекивали шта ће рећи.

Олаф је био љут. Скиде калпак са главе и баци га на земљу, расу се грива горуће косе. Театрално подигавши руке као да пред кумиром стоји, загрме:

„Кнеже Владимире, ти који си као и ја био прогнани невољник, ево си мачем освојио оно што ти припада! Ти који си ме за свога пригрлио и сваком добру научио, дозволи ми да се овде, на Тргу, за пола гривне продам као роб!"

Владимир застаде. Познавао је плаховиту нарав свог пријатеља, али, ово је било превише чак и за Олафа.

„Зашто би се онај, ко сам вреди за војску једну добро оружану, у робље продао? Онај, за кога бих ја, кнез руски, дао небројено благо ако робља допадне, да се за пола гривне прода?"

„Реп хоће глави да суди! Боље да самог себе у робље продам него да сам таквој војсци командант!"

Владимир притера коња и стави Олафу руку на раме. Разумео је, али, није то било место ни време.

„Узјаши, брате, с моје десне стране и уђи са мном у двор. У столном смо Кијеву, који ми по рођењу припада, а заједно га задобисмо. Узјаши коња, идемо."

Затомивши осећање тријумфа, кнежевски мирно се попео степеницама подигнутим на дрвеним стубовима, обојеним у црвено.

У старом граду званом Гора, са дугим трговима и високим бољарским домовима, једино здање од камена био је двор кнегиње Олге. Камен на камену, двор-тврђава.

Господствено раскриљен, са подом од цигле, и зидовима прошараним црвенкастим шкриљцем, са мермерним плочама којима су ноћу шарале лучи, а дању Сунце, са мозаицима и фрескама. Галерије каквима су се дичиле бољарске куће, и у кнежевом су двору језиком дубореза и боја заумне приче низале.

Дете још, дивио се поиздаље предметима од стакла и слоноваче и позлаћеним фигурама од бронзе и сребра. Сад су биле његове.

Посегнуо је давно, дечјом руком и жељом, за медведом од стакла. Послали су га на спавање без вечере. Покуњене главе прошао је поред Јарополка који му, заклоњен за мајчин скут, зујну у уво:

„Служинче!"

Плакао је покривен преко главе, мукло, зуба заривених у длан.

И сад је помно разгледао стаклену фигурицу. Подиже је изнад главе, ка прозору се окрену да је боље осмотри, па је пусти на под од цигле. И комадиће стакла чизмом у прах сатвори.

Најмлађи од три кнежевића Свјатославича, ухвативши се за светлосну нит која га је повела из Кијева ка Новгороду, вратио се у Кијев. Постао је Велики кнез.

Олаф се није продао у робље. Владимир, увек гледајући испред долазећег, знао је и без његових, у револту изречених речи, шта се догађа, и шта треба да уради.

Варјази су се, ушавши у Кијев, осилили, и тражили више од оног што је било договорено. Олафа је вређао њихов осион однос према кнезу и прекомерни захтеви сировом снагом поткрепљени. Велики кнез није трошио време на увређеност, довољно је живео са њима да им нарав упозна. Уместо плате за војевање, упутио их је ка Костантинопољу, у службу цареву. Надајући се великом плену и добитку радо су запловили. Али, да се не би са Грцима због њих завадио и ушао одмах у нови рат, цару је послао писмо упозоривши га на долазак Варјага. Саветовао му је да најбољим придошлицама ојача своју Варјашку гарду а остале да размести по селима и тако спречи пљачке и пустошења.

Оградивши се тиме са обе стране, предано се посветио кнежевини. Он није силазио у народ, што владари понекад чине, живео је са народом.

„Медвед медведа не једе, нит мечка дави своје мече", говорио је, не либећи се да лично посредује међу завађеним суседима, подсећајући их да су из истог племена, Руси. Оштром претњом или лепом речју и шалом, доводио их је до другарског загрљаја и веселог испијања медовине, пива, вина, и свега заједно.

Крв брата Јарополка на Блудову је душу стављао, а снове је своје, у којима су му сумње долазиле, ујутру слао натраг духовима таме.

Није имао времена за сумње и премишљања.

Потпуно је променио изглед града око кога се ширила и јачала кнежевина. Градећи га и дограђујући непрестано, временом га је учинио престоницом прослављене лепоте.

На брду изван двора подигао је огроман дрвени кип свом заштитнику, незаситом сину Свароговом, са главом од сребра и брковима од злата.

Перун, господар живота и смрти. Око њега гордили су се кипови других божанстава: Хорс, Стрибог, Симаргл, и Морена.

И Дажбог. Веровали су да је Дњепар ускипео, супротставио своју снагу вољи Перуновој и није му дозволио да пређе на другу обалу до заносне сирене Рос. Перун је златном стрелом реку пребацио, у камен погодивши. Од тог је камена, уз Сварогову помоћ, Рос направила човека. Перун је у њему свога сина препознао, повео га уИриј, и од њега је дароватељ Дажбог постао. Син од два оца и сам је имао главу од сребра на којој су се златили бркови.

Намера кнежева је била да пре свега учврсти веру у народу. Под попустљивим и хришћанима наклоњеним Јарополком, Руси су почели да се колебају. Слабљење старе вере није још узело великог маха, али и ти почеци увођења нове религије били су претња, временом би могли почети да нагризају и разједињују кнежевину.

„Сваки бог вуче људе на своју страну, окрећу се једни против других", рекао је бољарима, „стари закони и обичаји су штит."

Саградио је импресивни пантеон да би утемељио своју власт ослањајући се на древне законе. Спремао се за даља освајања, и трудио се да удобростиви богове да га не би, као кнеза Свјатослава, оставили на цедилу у пресудном дану.

Од како је прихватио хришћанску веру и живога Бога, Олаф се гнушао приношења жртава мртвим идолима, све да су и од злата били направљени, а не од дрвета које црни и гњије.

Владимир је у најбољој намери, очински, покушавао да уразуми пријатеља.

„Не бојиш ли се гнева богова наших? Не изазивај оне који владају муњама и громовима. Кад се они свете, страдају и дужни и недужни."

Олаф је, пак, њему указивао на ужасе идолопоклонства и нудио му благодети вере Христове.

„Какви су то богови: од дрвета а крвљу се хране? Та крв на твојим рукама остаје, кнеже. Не слушај волхве и врачаре, не веруј мртвим идолима, пређи у праву веру Једнога Бога који заповеда да треба љубити ближње, а не приносити их на крвави олтар."

Неслагање и све жустрије препирке запретиле су да прерасту у сукоб, и Олаф је, да љубав са кнезом не поквари, отпловио из Кијева. На поласку, утиснуо је пријатељу у руку мали дрвени крст, боров; на њему кап смоле прилепљена, као суза.

„Да те чува."

Кнез се добродушно насмејао и затворио шаку.

„Нека тебе богови прате и чувају, нека ти добар ветар и мирно море у сусрет шаљу и отвореним путевима те воде!"

Касније, кад је сунце већ цео хват одскочило, Владимир је схватио да још стеже у руци Олафов дар. Не хтеде да га баци из поштовања према пријатељу и окачи крстић о јелову грану. А на длану који га је пекао као копривом ожарен, спази згужвани отисак. Издвајао се као уписан наследни трозубац Варјага Рјурикида, али био је притиснут крстом.

У недоумици, кнез протрља шаке једну о другу, подиже главу ка небу.

„О, Перуне, громова ми и муња твојих, чија су ово посла!? Као да је Блуд а не Олаф са мојом руком нешто петљао", промрмља.

Врацбине су то, мислио је, а кнез је посланик богова, не могу да га смуте. Па је до вечери на то заборавио, а длан му се исцелио, као да никакве шаре и није било на њему.

Олаф се ка северу запутио, и обрео се у Винланду, на Балтику. Оженивши се ћерком тамошњег кнеза, није заборавио обећање дато пријатељу да ће се поново видети кад се кровови кијевски буду рујили од вишања што се на њима суше.

7.

За невремена, кип Громовника је при свакој муњи сјај просипао. Владимир је долазио на брдо, сам, наредивши да нико за њим не иде, и не марећи за кишу, пружао руке ка горе дозивајући богове.

Једном за њим крадом пође Никита, син бољара Бориса. Муња га опржи у часу кад је високо подигао руку у намери да се приближи божанском. Од тада није чуо, нити је како треба говорио. А о славујском певању, због чега га је кнез мимо осталих волео, и на гозбама уз колено држао, ни помена.

Али, она сила ведри која и облачи.

Оженили су Никиту. Од дана у коме га је муња гневом обележила, са људима се споразумевао неуједначеним грленим звуцима, рукама и гестовима. Девојке су га избегавале. Слабо му је вредела лепота, од памтивека мушкарци воле очима, жене ушима, а он није имао шта да понуди ушима девојачким.

Док је певао, ројиле су се око њега као муве око чаше слатке медовине у топлијим данима. Причало се да се млада робиња због њега са стене бацила. Са другом га је у трави високој затекла, зајапуреног од страсти, а он се њеним сузама подсмехну. Стара врачара, сажаливши се на патњу своје слушкиње, клетвом му је од смрти старијом запретила, на шта је охоло одмахнуо главом и порекао икакву везу са несрећницом. И наставио да гласом својим плени и заводи.

А кад је занемео, да му кнез Владимир од доброте своје није жену изабрао и за њу платио, ниједна га не би хтела.

Перун је од тада још нарастао и уздигао се. Нико сем кнеза и врача, у данима приношења жртава, није смео да му се превише приближи, посебно за невремена.

Никита, борац што је кнезу у биткама леви бок штитио и гибељне ударе одбијао, од ратника је постао занатлија. Вредно је изучио дрводељски и вретенарски занат, па је продавао вретена на пијаци.

Само је једно дете његова жена родила, ћерку. Заморену, већ помодрелу, на размеђи овог и оног света, да није било искусне бабице замотали би је у већ припремљени чаршав и склонили да је породиља не види.

Чим је до хода дорасла, мала је певушила где год је ишла. Коса јој се сунцем преливала, а смешила се целим лицем, па јој је мајка око руке црвену наруквицу са малим златним звончићима везивала против урока, и није је из вида испуштала. Што због трговаца робљем, што због њене урођене немирне и радознале природе која је могла да је доведе у разне опасности.

Затрчала се једном право у кнежеву пратњу, и стала Владимиру уз колена. Мајка је похрлила за њом, али Велики кнез је спремно подиже.

„Не плашиш се, малена?"

Она му стави руку на лице, слободно и весело, као свом најближем, заплевши прстиће у црвенкасту браду, боје њене косе. Он је баци увис и дочека на руке. Обоје су се нагласно насмејали. Неописиву је драгост осетио кнез угледавши јамице на њеним обрашчићима. Проструји кроз њега сећање на једну другу девојчицу.

Спустивши је, обузе га сета. Скиде сјајну копчу са прса и даде јој, поглади је по коси и оде, док ју је мајка гледала у недоумици да ли да је изгрди или да је похвали.

Никита је зазирао од Перуновог кипа и потајно се молио милостивом Богу кнегиње Олге за кога кажу да људе благосиља кад му се приближе, а не сакати их ако му руку пруже. Клица спознаје да му је дрвено чудовиште узело највредније што је имао, његов глас славујски, у њему је недрила хришћанина.

У праву је био Олаф, мислио је, немају Руси бога, да га имају, не би га од дрвета правили, као играчку.

Знао је да су се Олаф и Владимир једино око вере сукобљавали. Љубав је међу њима била братска. Олаф, посмрче које оца није упамтило, у Великом је кнезу и оца и брата видео, па би, при таквим расправама обојица устукли да не дође до оштрих и тешких речи. И свако је веровао у своје. Никити је све ближа Олафова вера бивала и чудио се како кнез, који је први међу њима, не може да спозна оно што је и њему простом доступно.

Молио се у потаји хришћанском Богу да сруши сребрноглавог, златобрадог и немилосрдног Перуна, да га сравни у грмљавини коју он сигурно не би чуо, али би осетио кад протутњи. Да га земља прогута.

А како је мала одрастала, њена мајка почела је да сања снове које је тешко разумевала, врело из кога се точе тајне, и поток у шуми чија вода грех човечји може да спере, а са његовог дна исијава светлосна белина од блага похрањеног. Сањала је и девојчине бујне праменове одрезане, што ју је тешком слутњом испуњавало, па је ћеркину косу, негодовање уз све њено отимање, мазала пепелом од букве и лугом да јој умањи сјај и одврати од ње урок.

8.

Никитина је ћерка нестала. Колико је год мајка чувала, није је учувала. Поодрасли девојчурак био је стођаволак, и док мати где очи сврати, она шмугне. Много ју је пута налазила у мрачним туђим избама, уз ивицу воде набујале, међу робовима на пијаци. Никаква застрашивања нису помагала. Мала се смејала, за њу је то била игра. Цичала је од среће кад је пронађу и умиљато се увијала мајци око врата.

Овога пута нису успевали да је нађу. Очајна дозивања мајчина, и Никитино бесомучно лутање, превртање туђих ствари, отварање туђих врата. Кад више нису знали где да траже, ишли су редом, а суседи су им се уклањали с разумевањем.

Никита је пошао кнезу, жену је повео да говори уместо њега. Скрушено погнути молили су га да устави све бродове у луци док је не нађу и врате. Завртео је главом Владимир. И да је то било могуће, прекасно је. Много је бродова већ дошло и отишло из луке. Сетио се како му је мала несташница улетела у наручје и уздахнуо. Ко зна где је. Трговци робљем били су посвуда... Није могао да помогне, ни сад, као ни онда, кад су једно разиграно птиче одвели у незнано...

Кнез је, али је само човек, а мала је моћ човекова...

„Играчке смо за богове", не изрече.

Тешка је слана пала на родитеље, венули су наочиглед, увукли се у себе, смањили. Нагађало се да ниједно од њих неће дуго.

Онда је Никита уснио сан. Само га је жени својој испричао. И дао јој је јарки прамен ћеркине косе што га је ујутру под јастуком нашао.

Мало су се придигли, почели су да раде, али не своје послове, кућевне, обилазили су цркву Владимирове бабе, ону коју је Свјатослав порушио. Молили су се хришћанском Богу не кријући се ни од кога. Због њихове несреће сви су их остављали на миру, а они су све време проводили на рушевинама, и то радећи, па су мало-помало усправљали црквено здање. Камен по камен. Чистили траву и коров око црквице. Уредили прилаз вратима, и двориште. Кад су први зид подигли, у једну шупљину су сакрили онај прамен косе.

Много им је труда требало, голоруким и без икакве помоћи, да усправе срушено здање. Нашли би се добри људи вере хришћанске да им помогну, јер и други су жалили за оскрнављеном црквом, али они нису дозвољавали.

„То је наш дуг и покора."

9.

„Син од два оца! Као Дажбог! Страши ме кључарка да га народ са двобогом пореди! Калуђерица Јарополкова у стомаку га је донела, а Владимир му се оцем назива.

Мене је од оца, а њу од мужа отео! Не може му бити ближи тај син од мог прворођеног, од Изислава, који је у крвавом дану зачет! Ни Вјачеслав што га је мајка оставила па иде за оцем као штене! Ниједно копиле од свих наложница његових! Ја сам кнегиња, и од рода сам кнежевског. Кажи му да прво мени дође кад се с пута врати! Ако оде оној блудници, оној Јарополковој црној богомољки, очи ћу да му ископам. Кажи му! А и теби зло и наопако, не заборави да мач сваку главу лако сече!"

Блуд је жмиркао пред бесом кнегиње Гориславе, у углу оног здравог ока мрешкао му се подсмех. Жене, мислио је. Ето, хоће да јој он мужа држи уз скуте, тражи да јој у потаји донесе напитак и зелене узлове од траве по којој су виле коло на месечини играле, да му памет веже.

Не би му он нипошто наудио, ето, чак му је и оног мрског Мстислава оставио. У Владимиру је, још дечаку, видео кнеза који је, према његовим визијама, требало да земљу руску уреди онако како ће трајати до краја времена. Није тачно знао како ће то да изгледа, али желео је да део те моћи и њега западне.

Морао је да смири ову горопадну жену. Није је се бојао, ако би глава у питање дошла, то би пре била њена, па нек је и кнегиња. Није умела да обузда и сакрије своје страсти, а он је такве слабости знао да искористи.

Донео је крчаг меда. Не беше први пут, знао је зашто је позван. Узе је за обе руке па их на поклопац крчага својим рукама преклопи. Стезала је шаке с очекивањем и нагло пробуђеним страхопоштовањем док је Блуд склопљених очију мрмљао бајалицу. Заврши и погледа је, а она мало устукну пред мреном закриљеним погледом.

„Е, кад треба да ти дође господар, прст у овај мед па полижи! Ал` не пери и не отири оно што на прсту остане, размажи по рукама и утрљај. Па ће му твој додир слађи бити од меда, а твоје речи ће се лепити за уши његове и никога другог неће слушати, сем тебе!"

„То би мени било низводно", помисли. „Он би тебе, а ти мене слушала."

Горислава није деловала уверено. Она би радије да јој је дао крв жртвену осушену, или кости самлевене, нешто опако чиме би мужа спутала.

Блуда није бринуло њено незадовољство.

Нек лиже мед кнегиња и нек ћути!

Доћи ће дан, вратиће се да тај мед наплати.

Ништа он није упразно радио. Само, овога пута, није имао прилике да своје намере спроведе и њен јад управи ка својим циљевима.

≈

Рогнед није ишчезла кад су је назвали Гориславом. Кнежевска гордост и варјашка крв нису јој дозволили да се мири са запостављањем, да ужива у свом положају и ономе што има, а то није било мало.

Све се у њој преломило кад је заволела убицу свог оца, човека са којим је у дану страдања њене породице и њеног града занела првог сина.

Била је девојка у очевом двору, у двору је овом била жена, мајка и господарица. Годинама је кнежеву љубав уживала. Њихов је савез потврђен крвљу и праштањем. Деца су се рађала једно за другим. Кнез јој је поклонима и малим пажњама удовољавао. Указивао јој поверење.

Можда је време утицало да му досади, или је нешто погрешила, није знала, али је осећала да је веза међу њима све тања. Зебња је у страх прерастала, и она је главе погнуте теретом питања, тумарала одајама и ходницима Златне палате очекујући његов повратак.

Од како је престао да с пута прво њој долази, постала је вучица.

Није се много уздала у подмуклог Блуда, веровала му је колико би и лисици припитомљеној која чува кокошарник, али није имала куд. Бабе врачаре само су је замајавале, причајући јој оно што жели да чује, и дајући јој безвредно биље од омаје које је и сама познавала, али које на кнеза нимало није деловало. Блудова је моћ била призната, а он ју је користио по свом нахођењу. Ето, дао јој је мед као детету, да је завара. Нека, пробаће и то, да сладом постигне оно што није могла горчином.

Ставила је мед у прозор, и чекала.

Пре њега је дошао Варјашко, слуга који јој је био одан и преко мере, знала је шта га испија, али његова осећања нису је се тицала. Могла је да му верује, гледао је у њу као у позлаћени кип бога. Ушао је полако, и стао пред њу крупан, неспретан и збуњен, кријући поглед, као увек кад је очекивао провалу њеног гнева. Измакао би се, радије не би уста отворио, али није имао куд.

„Говори!"

„Код ње је отишао. Код калуђерице."

≈

Дошао јој је трећег дана. И унео сунце у њен двор, очи, у њене груди. Загрлила га је рукама лепљивим од меда. Да заслади дан за који је веровала да је судњи за обоје.

Љубио ју је гладно као да није између ретких њихових сусрета друге жене миловао.

Заспао је на њеном крилу, у ствари, само је свео капке над глед, у лаком полусну ратника свиклог да у свакој прилици украде који трептај сна, и док му је једна рука око ње била обавијена, друга је висила са ивице високог кревета, опуштено, наизглед немоћно.

Рука којом му је нож ка грлу усмерила, до претећег лома се пови под његовим прстима.

Стајала је пред њим подигнуте главе, откривеног врата и прсију, а сва се у очи претворила.

„Убиј! На!"

Само је изашао. Знала је да је готово.

Разбила је крчаг са медом треснувши га о под.

Прозор се, онај на коме је крчаг са медом обајаним стајао, уз тресак снизао и ситним стаклом под прекрио. Без промаје, био је затворен.

Није јој више долазио.

Разградио је њен родни Полоцк, и намeсто њега саградио Изиславль. Праведношћу оца и мудрошћу владара послао је Изислава да у његово име влада земљом Полоцком. А њу је за синовог посадника поставио. Деца су, сем Изислава, остала на двору, пажена и гајена као и пре.

Добила је положај припадајући рангу кнегиње, друго није могла да тражи. Није се отимала, пристала је.

Узалуд јој. На путу ка свом новом двору схватила је да она сен, тамна и хладна коју је само он могао да потисне, склупчана и у тугу ушушкана, гледа кроз њене очи у оно долазеће. И мрзне јој мисли самоћом коју слути.

Са прозора је поглед испратио, слеђен њеним одласком. Очи слуге Варјашка. Није могао да изађе и поздрави се. Она то није ни приметила.

Трајање се делима мери, не годинама. Много тога човек уради доброг, и лошег. На коначном тасу превагне трачак осмеха, милост једне сузе, једна кап меда, или жучи.

10.

„Кад Владимир једе, сви једу, кад Велики кнез пије, сви наздрављају, ја певам, сви певају... Богови ми дарују радост. Радост је сваки дан који освалне, јер једног ћу дана схватити да се нисам пробудио, не на овом свету. Ха! Нико није Морани избегао, ето, Олег је судбоносног коња убио, па се ипак збило како му је речено. Не треба стајати на лобању, па ни на коњску, змија вреба из главе убијеног. А после... подноси се рачун прецима.

Кад спале тело, како се може пити медовина, уживати у гозби, миловати жена? Не, сен си међу сенима, и ти, и слуге које са тобом пођу, и она коју Анђео смрти прободе. Сви смо само сени, то је једино што од свакога остане.

Омамило ме грчко вино, црно и тешко, муче ме мисли непотребне, увредићу богове. Рус' је моје наслеђе и мој дуг, руски народ су ми богови поверили. Рођењем сам обележен, пореклом кнежевским и змајевим означјем. Врачаре су гладне старе вране, али о томе свака исто говори.

Пити и певати, да... то и богови воле. Богови... сутра ћу принети жртве. Перуну бика, оног што га дуго већ надгледам, а добро га гоје...

Олга, најмудрија међу женама, одрекла се наших богова. Чиме ли јој је омилела та вера, шта ли јој је дао распети бог, који ни сам себи није могао да помогне?

Мој отац био је велики ратник, а богови су дозволили да његова глава буде гозбена чаша Печенегу! Да ли су бар моју молитву услишили и да ли су великог ратника преци примили с поштовањем? Или је само сен која тражи мир? С боговима не можеш бити начисто, и они без престанка међу собом сплеткаре и око власти се отимају.

Све имам. Богови су уз мене, моја војска је крилата као глава Перунова. Земља је моја велика, коњи бесни, жене дивотне, са бедрима слађим од печеног лабуда и од рибе куване са медом, трпеза изобилна, људи весели...

Ех, синова имам много, покрвиће се око земље, али, и то је воља богова. Горислава... Понос ју је од мене одвојио, није могла да се преломи. Децу ми је изродила...

Женска је утроба земља црница близу реке, плодна и жељна, што је жена слађа, то је плоднија! А слатке су, богова ми! Нека, нека се рађају кнежевски синови, синови руски, па ако им је мало кнежевина, нек освоје оно што мени измакне, ако ми измакне! И ја настављам оно што су моји преци започели.

Језа. Хладноћа на прсима као да пливам залеђеним језером. Наложено је, прозор затворен.

Жена је лек. Жена греје најбоље. Довешће ми нову робињу. Можда ће се плахо измицати, дрхтава срна, или ће псовати и клети као горопадни

Варјаг... Можда ће ме предано миловати као да је свикла на мене... На крају је увек исто. Заспаћу, задовољеног тела, она ће се привити. Мирисна, глатка науљена кожа, сјајне очи... и коса, мека, свилена, светла као срце дрвета од кога се праве кумири, или тамна као зеница ока...

Жена је трен. Онај кад те дотакне божанско, кад се одвојиш од овог света. Тренутак најближи нестајању, ваљда тако изгледа смрт, сигурно обузме човека слатка и силовита, као најјача страст. Заронишу њу као у тело жене. Смрт мушкарца. А како ли жене умиру? Иду за трагом мушкарца ваљда, свог или туђег, није то њима много важно, ниједна се неће изгубити. Какве су, Волосовог ми рога, оне са сваким богом тајни савез имају!

Ево је! Кораци су јој лаки и гипки. И слободни, без бојазни и колебања. То обећава... ноћ ће бити влажна и врела, бежи студени!

Не, још није моје време, а док не дође... богови ми нуде задовољства и ја их узимам!"

11.

За седам година Владимир је водио седам ратова. Вјатчани, Јатвјани, Радмичани, били су покорени, а њихове земље руској присаједињене.

Печенези, предвођене каганима Курјом и Кучуком, ханом Родманом и његовим сином, пратили су походе кнеза Владимира, чекајући у долини Дњепра повратак руске војске, надајући се да ће је искрварилу и ослабљену лако савладати. Четири хорде печенешке удружиле су се, а силни шатори слегли се у пољу.

Оштро покликујући на својим нискораслим, али брзим и издржљивим војним коњима, окомили су се на Русе, лица изобличених страшћу у најави крвавог пира. Из претећи подигнутих рукуујецао је сев гвожђа. Кренули су по кнежеву главу и, ослонивши се на дојаве ухода о стању руске војске, ишли на сигурно.

Кад су зачули крике иза својих леђа, већ је било касно, били су опкољени.

Кратко је трајао бој над Сухим бродом, хан Родман се са сином пробио на север и избегао погибељи. Много је Печенега, али и Руса, своје главе на том пољу сложило.

Ту је остао и каган Курја, непогребен, неспаљен, вранама храна и гаврановима. Док се кнез Владимир крвавим мачем до њега пробио, он је већ лежао под сапима свог коња, а живот је хлапио из њега.

У том боју у коме је Свјатослав освећен, Владимир је рањен. Замало није освету главом платио, мач га је ниже срца, кроз груди засекао. Данима су руски војници остали у шаторима, док кнез рану није савладао.

Па су кренули даље.

Владимир се ноћима мучио питањем да ли ће Курја, дошавши на онај свет, Свјатослава за роба узети, јер убијени војник на ономе је свету роб своме крвнику, одвајкада су у то веровали...

„Богови, даровали сте нам победу, хвала вам, богови, за велику помоћ! Славим вас, и молим вам се, о богови!"

Путеви које је крчио као ујединитељ, и сами су му се отварали. Где год је могао био је милостив, стварајући велику словенску државу. Наставио је тамо где је његовог оца зауставио мач печенешки.

Како год да се непријатељ престроји, за опсаду, напад или одбрану, потомак великих војсковођа знао је да са најмање губитака постигне циљ. Његов је мач секао где су се остали ломили. Где год је пошао, прошао је. Где је завојевао, победио је.

Међу љутим борцима у оклопљеним кошуљама, са калпацима оштрих врхова и мачевима за појасом кнез се издвајао црвеним чизмама и скерлетним плаштом на плећима.

Јахао је под двоструким знамењем: белим очевим са два прекрштена златна копља и новим, својим, плавим барјаком са три сребрна копља повезана златним појасом.

Чинило му се да га нека сила води и усмерава. Наум који га је водио и њему самом је био тајанствен и недокучив, али следио га је предано.

Племена су се уједињавала, све је ишло као лојем подмазано, док није кренуо на Бугаре.

Вучји Реп је био поузданик кнежев. Није још био своме оцу до рамена дорастао кад је мочугом затукао вука кога је глад у село сатерала, па је онако раздражен и очајан на дечака насрнуо. Јуноша је окитио шубару његовим репом, понео надимак Вучји Реп, па му и остао.

Прекаљени војсковођа, уместо вучјим репом на капи, поносио се дугим риђим брковима, лисичјем репу сличнијим. Бич косе низ леђа је спустио. Мачеви су му из очију грозили. Био је потпорни стуб међу војводама и одан Великом кнезу сваком капи своје мешане крви, а не једном ју је за њега пролио.

Владимир му је, после победе над Радмичанима, даривао мач окован сребром, са дршком позлаћеном, који су по његовој наруџби и под Добрињиним надзором новгородски мајстори исковали.

Мач му је дао, али му је узео танковијасту робињицу жарких очију и плахих кретњи, из племена Касога, тамнокосу, белопуту, са грудима малим и облим које су се кругом нежних латица завршавале, а топиле се на његовим уснама. Све је на њој поигравало, немирно тело је из финих тканина покушавало да се измигољи. Тако му се и подавала, плахо и трепераво, увек као да је први пут, све до уздаха којим се сва отвори и преда, кад се њена плашљивост у жељу претопи, па се у слатком грчу обавије око његовог тела.

Погледом би као бичем знала да ошине а потом да се насмеши детиње чисто, и невини се зрак кроз облак пробије. Склопивши му се око врата, мачјим привијањем, могла је да му измами сваки поклон и свако обећање...

И њу! Њу је Владимир, уз гласан смех попео на коња, и однео. Није му промакла ватра у њеним очима и гипкост тела. Радознала и љубављу размажена, пркосећи упозорењу, изашла је да види Великог кнеза.

Машивши јој се под грло да осети баршунасти додир коже што га је белином изазвала, нашао је дрвени крстић. Откинуо га је и бацио под коњска копита и разигравајући коња, бесрамно држећи девојку приљубљену уз себе, одјахао.

Вучји Реп је само шкргутнуо. Подигао је откинути крстић са земље.

И он се подсмевао вери у мршавог Бога који је скончао у мукама. Каква је његова моћ, мислио је, људи су радили с њим шта су хтели! Али јој је остављао на вољу да љуби оно што је називала симболом Божјег страдања и људског спасења.

Бар три стотине жена у Вишгороду је само кнез имао, исто толико у Белгороду, и око две стотине одабраних робиња у Берестову. И мало му је!

А он, Вучји Реп, ову је једну изабрао, зато што му је грејала груди, и што се због ње поново осећао као дечак који је поносно вучји реп на капи носио.

И њу је морао да му узме.

Увређен и рањен гором раном од свих у борбама задобијених, ахилејским је пркосом узвратио. Напустио је војску и повукао се у Берестово, недалеко од Владимировог летњиковца. Био је ту, а као да није. Изговорио се ранама, старим и љутим, које су се отвориле, болешћу која га је сустигла и костима што су лоше срасле па му не дају да узјаше и сјаше.

„Не могу овако гурав ни пред своју војску, како бих пред непријатеља... Пре нека скончам сам као пас но да моја немоћ подсмехом уроди."

Владимир му је послао вештог видара, провереног у бојевима, окушаног на најтежим ранама. Вучји Реп га је вратио.

„Ако може од бабе бити невеста, па и од истрошеног војника јунак. Богови су ми одузели снагу, одслужио сам своје. Принећу жртве за победу кнежеве војске, али је нећу с њим предводити."

А Владимир се спремао на Бугаре. Оставши без најбољег војсковође, позвао је онога у кога је увек могао да се поузда, и који је столовао у Новгороду од како је он у Кијев прешао. Ујака Добрињу.

Понудивши му купу опојног пића из своје руке, „Ласковый" кнез је позвао Добрињу да крене с њим на Бугаре.

Земља Сребрних Бугара свила се на ушћу Каме у Волгу. Да је заузму, Руси би, поред већ развијених трговачких путева на западу, имали и путеве ка истоку. Напали су преко хазарске земље прешавши, идући Волгом. Упустивши се у ризичан подухват, далеко од своје земље, Владимир је био на опрезу и није дозволио да га заварају почетни успеси.

Добриња, чије су се амбиције кнежевањем у Новгороду оствариле, био је врло брзо сит ратовања. И на заробљеницима је уочио нешто што га је навело да се замисли. Отмена обућа на ногама, а не лапти од брезове коре, одавали су људе од мача, оне који су навикли да господаре и убирају порез а не да га плаћају.

Невољно је гладио још тамну, смеђу браду споро и промишљено, са измицањем у гласу:

„И да их надвладамо, тешко је такав народ држати у покорности. Само ћемо беду навући на врат..."

Кнез је био незадовољан. Да је уместо Добриње војску Вучји Реп предводио, народ сребра не би имао чему да се нада, па да су им стопала била сребром обложена, мислио је. Овако, нашао се на туђој земљи, далеко од својих упоришта са увек опрезним ујаком кога су већ полако стизале године. Тешка срца приклонио се процени да ће му губици бити превелики а победа кратког века, и пристао на мир.

„Нека међу нама влада мир све док камен не почне да плива и слама не почне да тоне", пала је реч.

Вратио се у Кијев, ни победник, али ни поражени. Принео је Перуну жртве захвалнице, како би споразум са Бугарима пред својим народом приказао добитничким.

Пришао је жртвенику где су већ чекали волхви у тамној одећи, пламтео огањ, ревала стока. Кнежева породица, бољари, стара дружина, градски старци и одабрани мужеви, чекали су да кнез принесе жртве. Отпасао је мач и положио га на земљу, а за њим и сва дружина. Док су приводили животиње, кнез је, подигнутих руку и погледа ка идолу, молитву изговарао, а сви су за њим понављали завршне речи:

„Славимо вас, и вама се молимо, о, богови!"

Али, нешто га је хладило, опет га се сен дотицала, жигало га је мукло као да му под слабином промиче нож од леда затупљеног врха.

На Черкескињу би сасвим заборавио, међу толиким робињама, да га није подсетио Вучји Реп. Сломивши свој понос, затражио је од кнеза да му је врати.

Разљутио се најпре Владимир, спустио веђе на дрски захтев и гласника одсечно отправио, али, следећег дана, одобровољен новом милоликом робињом што му је чашу наливала, сетио се тога и наредио да девојку одведу у Берестово. Награда ислуженом ратнику.

Исте вечери, на руке му је стигао мач који је Вучјем Репу даровао. И порука.

„Даћеш ми га кад поново за тебе неку победу извојујем. Бољке су ме прошле, ране су ми зарасле, у твојој сам служби."

Владимир се громко насмејао.

„Ej, Сребрни Бугари, не неком богу, малој гаравуши жртве да принесете! Да није вучину за срце ујела, он би на вама своје зубе оштрио, а моје би се ризнице сребром допуниле! То је, значи, била та болест од самрти!"

Левом се руком по колену пљесну, и смејући се, подиже купу вина и испразни је надушак.

Није знао да је однела нешто његово у вучји двор. Под срцем. Ако је и бројао унатраг дане и месеце од дететовог рођења, Вучји Реп ничим то није показао. Робињу је узео за жену, а дете као свога сина подизао.

Она је знала. Нико није питао, а и да јесте... Боље да њено дете буде син и наследник угледника, него једно од кнежеве копилади. Није било тајна да је кнез у власти похоте према женама, и да је не једна робиња с њим зачела.

Порођај је ишао како треба. Прворотке морају да се стрпљењем и снагом оружају док се путеви детету отворе, тешила се. Сунце је цео лук опасало. Кад се досетила, све је чворове одрешила на себи, плетеницу је расплела. И дете је убрзо заплакало. Одмах је видела шару на његовом рамену и била задовољна што је, кад су је болови сколили, отерала жене. Пресекла је пупчаник и умотала сина у белу, већ припремљену овојницу. Наставила је и надаље да све око њега ради сама.

„Робиња била и остала, навикла да ради, па не уме да заповеда. Богови јој дају, а она не уме!", оговарале су је слуге.

Брижно му је прикривала белег на рамену и добро пазила кад би се ко затекао при повијању.

Толико је пута чула приче о обележју које се преноси по крви и пореклу. Био је јасно уписан, није могла да сумња.

Змајевско дете.

Вучји Реп је тражио да сина назову Владимир, у част Великог кнеза. Да би богови који су кнеза чували и његовом имењаку били заштитници. Она се сложила.

„И право је", мислила је, „да носи име свога оца."

Родила је концем зиме, већ се пролеће најављивало. Првог летњег јутра, у зору, искрала се са дететом у наручју и замакла у оближњу шуму пре него је ико спазио. Крстила је сина на кладенцу, живом водом и крстићем који је, од како се вратила Вучјем Репу, поново носила око врата.

Тајна је женског рода, измакне и кад је најчуванија. А истина, као вода потајница, увек негде избије. Ма када.

12.

Крим, а на Криму Херсонес, Корсуњ, петнаест векова у стену укопан, ка северу окренут, одакле му је долазило свако добро, а и зло се отуд примицало. Трговачко чвориште, размеђа ветрова и путева око које су се Византинци и Хазари столећима сукобљавали, теснило се између два залива, на гребену. Град-тврђава у коме је и дом сваког угледнијег грађанина био мало утврђење, са позлаћеним куполама цркава што су се уздизале изнад зидина. Дубова градска врата, управљена ка заливу Символов, била су узапћена гвожђем, ојачана кулама са стране.

У пролеће 988. године, кнез Владимир је запловио Дњепром са дванаест хиљада људи, опремљених убојитим и тешким оружјем. Секире, лукови и каљене стреле, палаши дужине корака високих Варјага, оштре ћорде у многим биткама крвљу натопљене и људским месом нахрањене... Море се надалеко мрешкало пред злослутним звекетом.

Чврсти бродови, саграђени од огромних стабала којима су обиловале руске шуме, и до пет пута дужи од своје ширине, налик на огромне морске змије, с лакоћом су секли таласе, а праве су се морске змије и немани у дубине повлачиле.

На тражење византијског василеуса, повео је шест хиљада ратника да њима ојача цареву војску, и још толико да се њему нађу. Знајући да би својеглави Варјази могли да са променом ветра крену својим путем ка Константинопољу, Велики кнез је успут купио најамничку војску, али и просте сељаке, Словене, Кривичане, Бугаре...

Устанак у Малој Азији ширио се и претио царевини. Фока је, дрзновито навукавши црвене чизме, заточио Склира са којим је устанак подиго, у намери да сам преузме сву власт. Ишао је на запад, према мору. Константинопољу је помоћ била неопходна, па су пристали и на оно што су сматрали савезом са ђаволом. Позвали су у помоћ руског кнеза. Обећали су да њему, варварину, дају шта је тражио: зеленооку принцезу Ану за жену.

Константинопољ, за којим је жудео од дечачких дана, сам му се нудио! Али су захтевали да пређе у праву веру, не иде да хришћанка пође за паганина.

Олаф се томе свим срцем надао, да кнез прими веру бога истинога. Али не и Блуд, који је, на своје велико разочарење, поново остао у Кијеву. Молио се Перуну, и чак му је и у потаји жртве приносио, да кнез не изда веру отаца.

И Мстислав, ратник коме је лице било млада земља преорана, пуно ожиљака, а на телу им ни броја није знао, био је забринут. Улетао је у најватреније и најкрвавије борбе, истурајући се испред кнеза. У тим је борбама зазивао Перуна, Волоса, Сварога... И њега, неустрашивог, хватао је страх при помисли да се Велики кнез одрекне старих закона. Молио га је да се не приклони грчкој вери.

„Шта ће бити са Русима ако се богови обрну против нас? Сатрли би нас на овом свету, а преци би на оном окретали леђа од нас!"

Пловили су преко печенешке земље, преко заглушних, узаврелих и ненаситих водопада, до места где је своје кости оставио Велики кнез Свјатослав. Стари ратници показали су негдашње поприште Владимиру. За спомен и опомену.

Места памте. Неке догађаје живо, као да њихово трајање не престаје. Прошлост и садашњост се прожму кад их споји онај кога прошлост препозна. Место је препознало сина Свјатослава Игоровича.

Острво Хортице.

Владимир је чуо звекет оружја, вапаје умирућих, и надмоћни глас свога оца док је бодрио другове, све до оштрог фијука мача што га је са главом раставио.

После тог сабласног звука настала је тама у коју није могао да зађе, мада је, понет вртлогом догађаја, ка њој закорачио.

„Није твоје време", чуо је више дах но шапат, уз само уво, кад се нашао пред понором. „Врати се".

На оближњем узвишењу растао је храст, сам и довољан, као прво и једино дрво на свету. Заклањао је собом небо а у крошњи су му се гнездиле тајне. Лишће је расло на све стране, чак и из тврде, вековима формиране коре. У њему је тињало време. Много је памтио.

Велики кнез, да би захвалио боговима што су их дотле довели, испод храста проли крв петла. Гране се укрстише изнад његове главе. Петао се отимао, кроз прашину се перје разлетело. Крв је кроз пукотину у земљи до корена стигла и дрво ју је пожудно упило, пре земље увек жедне крви.

На том месту, где је сећање господар над садашњим, сетио се других пера, белих и невиних, која је са себе отресао у посебним приликама, некад крвавим, значајним за њега или за кнежевину, за руски народ.

И нелагодност, страху веома слична, прожме га. Ишчекивање. Увидео је да све некуда води...

≈

На ушћу Дњепра, где је требало да га сачека принцеза са византијским великодостојницима, схватио је да је преварен. Посланици императора Василија и Константина, у красним одеждама сребром и златом прошивеним, окружени свитом, дошли су по војску коју им је довео руски кнез, али принцезу нису довели. Остали су при услову да се прво крсти.

Кнез их је примио окружен војводама одевеним у плаве и зелене свечане хаље од лаких летњих материјала. Неки су били у црним одорама, са златним гривнама око врата и ланцима на грудима. На боковима мачеви.

Кнез је у једноставној белој одећи, опасан широким кожним појасом, без икаквих украса, стајао испред њих. На његов високи положај указивао је мач у позлаћеним корицама и гримизни огртач. Са обријане главе спуштао се прамен косе, употпуњен брадом и дугим брковима. Тамни поглед кнежев није обећавао лак разговор.

Намера му је била да се женидбом са византијским двором ороди и повеже, да постави себе у равни са онима што круну василеуса носе, а њега поганим дивљаком зову. Али, што се крштења тиче... откуд им право да то траже они који су једну своју принцезу дали хазарском кагану! Иако је тај каган богатством и раскоши шатора са златним наром на врху, у коме је путовао, изазивао дивљење, за њих је био прости неверник; интерес је надвладао. А сада постављају тај услов! Срамота је кнезу руском да се моли распетом Богу, преци ће проклети његову слабост. Оклевао је, чак и пред таквим пленом какав је Константинопољ!

Крстио се већ кнез Мјешко из Пољске, Харолд из Данске, војвода Геза из Мађарске. И Дунавски Бугари су примили хришћанство, али Хазари су прихватили јудаизам, а Бугари са Волге ислам. И сви су тврдили да је баш њихов Бог једини и прави...

Бољари и војводе су се колебали, богови су ћутали...

Грци су били на жеравици. Помоћ им је била преко потребна, а кнез је био тврдокоран. Није им дао одговор на питање да ли ће узети хришћанску веру, а кад су наговестили да би кијевска хришћанска епархија била подчињена константинопољском патријарху, мрко је погледао испод густих обрва. Ублажили су тон, умањили тражења.

Незадовољан што су му уместо принцезе дали нова обећања, он им је ипак послао шест хиљада најамника. Зато их је и довео, нека их они хране и плаћају, а сам је, са половином војске, остао на обали Црног мора.

Принцези, о чијој је лепоти и гиздавости слушао приче, послао је поклон.

Слику на свили, уролану и запечаћену кнежевским печатом. Добио ју је од једног трговца сваштара, младоликог према седој коси што му је падала на рамена. Пришао је кнезу на улици, поклонио се, извукао слику из старе, изношене торбе на којој је крпа крпу држала, и пружио му је, па се брзо удаљио, безгласно одбивши надокнаду.

Изненађен савршенством израде, удивљен призором и ликовима на њој осликаним, кнез је слику брижљиво поспремио и понео са собом. Гркињи ју је наменио.

Радије би је даровао Хазарки, робињи која је жуборила о прошлом и будућем док је коса текла низ њене голе мишице. Причала је и о сну који се понавља и мучи је, о девојчици текуће косе какву има и сама.

„Долази ми у сан, вели да је она моја, а ја да сам њена. Нашла сам након једног сна овај прстен на својој руци, изливен је од злата и власи женске косе. Узми га, кнеже. Ионако ја не могу да извршим завештање, само га преносим. Тако ми је рекла. Испуниће га некада, негде, жена моје крви. А она, девојчица, није далеко, вратиће се родитељима кад изваде прамен који су у зид зазидали. У сан је оцу дошла, али није је разумео, требало је да прамен путнику намернику у торбу стави и она би се вратила.

Узми прстен, кнеже. Биће како мора, да ме се по њему сећаш".

Док је говорила, на уму му је била Никитина ћерка коју су свуда тражили.

Често му је Хазарка у мисли свраћала. Мајка јој је била Словенка, а она је са обе стране повукла најбоље. Код толико жена, такву није срео. Чак ни Рогнед, величанствена у својој лепоти, дивља а мила, није га оволико узнемиравала. Али, он је кнез и одлуке су његове по разуму а не по срцу. Није могао да јој попусти, ето јој њене вере и њених снова! Неће због жене да свом народу наметне веру јеврејску.

Драгоцени прстен ретке израде и финоће није желео да задржи да га не би опседао тешким сновима. Даривао га је Вучјем Репу, а овај га је одмах наменио Черкескињи која му из воље није излазила.

≈

Што су позиције Василијеве биле боље, тим је мање намеравао да одржи обећање дато кнезу „великог и моћног дивљег племена".

Велики кнез је чекао три месеца.

Три су пута пре тога Руси са Византинцима започети рат уговором о миру окончавали. Руси су ударали на капије Константинопоља, узимали плен и повлачили се. Грци пак нису жалили да плате не би ли им што пре леђа угледали.

И увек би се умешала нека сила неземаљска.

Олег, уједнитељ северне и јужне кнежевине, 907. године напао је Константинопољ бродовима који су, користећи погодност терена, на санице постављени и брегом као водом клизећи дошли под саме градске зидине. Дрско је прибио варјашки штит на врата града.

И Игор и Свјатослав Игорович опседали су византијску престоницу и повлачили се постигавши споразум са Грцима. При том, Грци су се својим јединим Богом заклињали на мир и пријатељство а Руси су се у оружје клели и своје богове за сведоке узимали:

„Ко прекрши уговор нек заувек буде проклет од Перуна и Волоса, нек пожути као злато наших украса и нека од сопственог оружја страда!"

Византинци су овога пута тражили помоћ од Руса, али Владимир је био све ближе помисли на рат против њих.

Да није и племенита принцеза Ана, као некада Рогнед, одлучила да неће „робињића"? Проструји њиме удар поноса. То да га Грци сматрају некрштеним дивљаком већ је знао. Али, „безродный", била је рана прекривена само покорицом, и није је било тешко повредити ни под кожом прекаљеног ратника.

„Видеће и они и њихова принцеза ко је кнез Владимир Свјатославич!", зарицао се.

Одлучио је да убрза догађаје. Најкраћи пут до земље и до жене је сила. Знао је слабости противника и намеравао је да их искористи. Грци су били пречом невољом забављени.

Кренуо је на Константинопољ, а грчки град Корсуњ био му је на путу. Доћи ће до тог драгоценог упоришта и показати Грцима озбиљност својих намера.

Флота од стотинак бродова упловила је у луку да би показала своју снагу, држећи се ван домашаја стрела, катапулта и других одбрамбених направа. Повукли су се и укотвили с друге стране, на пустом делу залива, где су се без икаквих тешкоћа искрцали. Истрчавши на брдо, руска је војска имала град на длану: улице, цркве, споменике, палате, сиротињске брвнаре...

У граду је врило, спремали су се за одбрану.

План који је Владимир звао „соколов лов", препад и соколско обрушавање не би овде успео, и он је био тога свестан. Град је имао двоструки појас зидина а Корсуњани су били спремни на борбу.

Пред сам залазак Сунца, тишина јулског предвечерја полегла је по мору и копну. Руски војници на коњима приближили су се капијама града. Затрубивши у велике рогове привукли су пажњу грађана који су са зебњом пратили њихово кретање. Роговима је био најављен позив на предају. Гласници су грађанима Херсонеса пренели кнежев услов.

„Три ћу године град опседати ако се не предате", поручио им је. „Скапаћете од глади, помориће вас жеђ и смрад, стојим овде и позивам, предајте град."

У одговор су са утврда полетелиројеви стрела.
И почела је опсада.

Трупе под командом Вучјег репа изградиле су насип управљен на градске зидине, на стреломет удаљености. Окружили су град бедемом, али ноћу је земља са бедема нетрагом нестајала. Војници су следећег дана досипали земљу, забринуто гледајући ујутру на насип који се преко ноћи смањивао.

Док се једне вечери кнез лично са неколико војника не укопа у ров близу насипа. Није било чудно да и сам кнез иде у заседу. Он, као и отац му, није од својих људи тражио оно што сам није био спреман да уради.

Олафу, који је са својим Варјазима кренуо са кнезом и са њим и остао, не желећи да ратује за Грке ма га преплатили златом, што му и јесу нудили, хришћанска вера није пречила да са кнезом крене у лов на невидљивог непријатеља који им намере поткопава, биле то виле, ђаволи, или какве год сподобе. Имао је крстић око врата, заштиту од нечастивих, а веровао је и свом мачу за пасом.

Притајише се, не би ли видели тајанствену силу која Грцима помаже, па ће знати шта им ваља чинити и како је савладати. Врачара их је упозорила да, ако су то црне виле, рушитељке, тешко ће их по невиделу уочити и да су стооки. Ако су беле, кожа им светли месечевим сјајем и мрежом би могли да их похватају. Али, вилама се не треба замерати.

„Најбоље је да зло не зазиваш, кнеже. Могу да баце чини на тебе, да ти учине ни у сну сањано. Опседај град, бори се, ти ради своје, а оне нек своје проводе, богови ће о коначном одлучити. За вилама у ноћ не иди."

„Хоћу да знам са каквом се силом борим", одврати кнез, „буду ли виле, похватаћемо их, па ће научити шта су женска посла док буду децу рађале! Не знају чему жена служи, лете около залудне и забаве ради зло чине! Покајаће се што нам посао кваре", смејао се и храбрио своје борце, који су из прича знали да виле могу да затраве јунака, да га јуродивим начине или да га устреле златном стрелом од које рана не зараста.

„Перун је уз нас, сапећемо им крила и хаљине навући, а прича се да им по лепоти ниједна красотица од жене рођена није равна. Ако су виле, поженићу вас вилама!"

Месец је у кругу обасјао све око града, а сам је град био обавијен тамом. Испод поткопаних градских зидина појавише се згрчене прилике. Ни беле, ни црне виле. Беху то мушкарци. Корсуњани су прокопали тунел испод градских зидина и изашли на насип. Брзо почеше да трпају земљу у већ припремљене вреће и док су заседници у чуду посматрали, већ су почели истим путем да носе земљу у град.

То су биле виле које су изједале насип.

Владимир оштрим покретом руке пресече немир којим су његови борци најавили напад. Да су само извирили из рова, стрелци би их са зидина, при ведрој месечини, поскидали за трептај.

Остали су тако док год није зора запретила и Корсуњани се повукли. Владимир је знао да ће са војском ући у град; олујни ветар на препрекама се задржава али се не зауставља. Град је био у мишоловци. Нека рују земљу ноћу као подземни глодари, нека гамижу њоме попут безногих гмазова, и нека је у град односе похлепно као да је благо ископано, не вреди им. Време је било његов војник.

Борци су око њега немоћно шкрипали зубима не могавши да одапну стрелу, ни шта друго да учине. Тешко би погодили оне који се по земљи вуку, а да их стигну и похватају нису били довољно близу. Само би се разоткрили и изложили стрелцима са зидина. Месец им није ишао на руку, а и бој се у недоба не започиње.

Следећих ноћи, не могавши да мирују пред оним што се догађа, Руси су засипали стрелама сумњиве покрете око града, али земља је и даље са насипа нестајала.

„Узећемо Корсуњ без крви“, наредио је Велики кнез.

Пресекли су граду сваки дотур, остао је без могућности снабдевања животним потребама. Грађани ће најпре да заваче за водом, рекао је, глад се дуго трпи, свачим се да заварати, стомак је у стању да прими траву и корење. Кад нема меса, и стуцане су кости добре. Воду ништа не може да замени, а жеђ у главу удара и човека учини махнитим.

Опсада се продужавала, а није било никаквих наговештаја очаја ни предаје. Одлучан да истраје, али већ забринут, држао је кнез војску под Корсуњом. Све је теже било задржавати људе који су хтели да јуришају на град. Олафови Варјази предњачили су у наваљивању тврдећи да где прођу ни камен на камену неће остати.

Владимир је ишчекивао да се град преда. Није га много бринуло што се ноћу подривају насипи, чак се нису ни трудили да их поново подижу. Чекање је било најважније. Корсуњани нису имали куд. А он није желео да сатре град, само да га заузме. Као упозорење и претњу Константинопољу.

Грч му се купио у грудима при помисли да разори утврђење, као да би уништио нешто своје. Изјутра, кад се први бацај сунца преко града прелије и на лице му падне грејући га целог, уливао је у њега спокој.

Примао га је као поруку. Не сме дозволити да се Корсуњ поруши и похара, макар се и три године под градом задржао као што је најавио.

Позната хладноћа долазила је неочекивано и сезала му је прсима. Као у наговештају коначне хладне празнине, додирнула би га нека рука оностраности. Научио је да је носи кад га обузме али није могао да се на њу привикне. Доносила му је немир.

≈

Након девет месеци опсаде непробојног града изгледало је да ће чекање трајати у недоглед. За толико времена дете сазри у утроби и на свет изађе, а врата града осташе замандаљена. Помислио је Владимир да нека воља одозго снабдева град свиме што му је потребно, водом пре свега, јер, проверио је, сви су прилази Корсуњу били затворени.

И ко зна како би се завршило, да ли би руска војска кренула у јуриш, или би грађани попустили под притиском и претњом, а можда би им и пристигла помоћ којој су се потајно надали, да се грчки војник, Анастас именом, освете ради према старешини који му је неправду и понижење нанео оптуживши га за ситну крађу, и чак с презиром одбивши да га казни, не одлучи на издају. И сам варјашког порекла, потписавши поруку својим првобитним именом „Ждберн", хитнуо је стрелу ка Русима вичући из свег грла да ту стрелу однесу Владимиру.

„Псујем погане дивљаке на њиховом језику", одговорио је онима који су га питали шта се довикује са непријатељем.

Није било први пут да су га у грчкој војсци неповерљиво гледали и сумњичили кад се догоди какав лоповлук. Био је крштен њиховим именом, а нису га сматрали својим. Са друге стране бедема били су његови сународници и он, потакнут увредом, одлучи да им помогне, и да пребегне.

Већ је био хришћанин и тешко му је падало да помаже паганима против своје браће. Нанета неправда помогла му је да се преломи. Висок и мало погрбљен, повио се још више под теретом, али је одлуку изнео до краја.

Увезао је грамату свиленим концем извученим из појаса, па залепио воском.

Разјашњено је успешно одолевање опсади. Град се снабдевао водом са извора који су се иза руске војске налазили, а цеви су испод кнежевих ногу пролазиле и доводиле је у град.

„Бог је Русе довео", правдао је Анастас свој чин пред собом, „без воље Његове ни лист с гране не пада." Уверен је био да је воља Његова да Руси град заузму. Боље да им помогне да све прође без велике погибије.

Кнез је знао шта му је чинити. Изненађен кључем који му је из облака пао пред ноге, да град ласно отвори и у њега уђе, у одушевљењу изусти:

„Ако тако буде, значи да је и њихов Бог на мојој страни! Бог моје бабе Олге, најмудрије међу женама!"

И не обрати пажњу на негодовање оних око себе, пре свега Мстислава који заусти, али увиде да није погодан трен да заступа богове.

Ископали су цеви и прекинули доток. Држали су се данима они у граду, узапћени, мучени жеђу, док нису почели да насрћу једни на друге, а ројеви мува да круже и слећу на све, живо и неживо. Смрад је брзо почео да се шири и изван града, ношен повременим ветровима.

Корсуњ, оставши без воде, убрзо је пао.

Анастас је могао да главом плати. Обданила се тајна, вапајима дозвана, и убрзо су га на све стране тражили да га катапултом са градских зидина његовима пошаљу..

Али га не нађоше.

Исте вечери он се пред Владимиром обрео, скрушен и ћутљив. Одбијао је сваку захвалност за пружену помоћ. Питао је да ли има у војсци хришћанских свештеника. Потврдише му да је их из Кијева кренуло са војском неколико, Бугара али и Руса који се уз њих обучаваху. Он замоли кнеза да им се придружи у жељи да прими и сам свештенички позив. Да се молитвама и богоугодним животом искупи од грехова.

То беше једина награда коју је тражио и кнез му је не ускрати. Дозва свештенике и предаде им га.

На реч Владимирову, паганска војска од које је стрепео хришћански свет, састављена од Руса, непокорних Варјага, и припадника разних других племена, није убила ниједног заробљеника. Нису на жене насртали, нису харали...

Он је на свом белцу пројахао освојеним градом. Сиромашнијим деловима, јужним и западним, са земљаним избама, уским улицама, и богатијим северним делом што је ка мору исходио, са двоспратним кућама, парним купатилима, огромним храмовима... Над самим морем узвисила се базилика чији су подови били пресвучени мозаиком. Погледу су ласкале мраморне статуе, а било их је посвуда.

Људи су се затварали у куће, чији су прозори, не ка улици, него унутра, ка дворишту гледали. Бојали су се одмазде, пљачке, погибије, свега што са непријатељском војском долази.

Кнез је побеђене храбрио осмехом. Поштедео је све, чак је и воће на гранама дрвећа остало нетакнуто.

Пад Херсонеса узнемирио је цариградске властодршце. У међувремену цар је нечасно отпустио преживели део руске војске који је ратовао за њега, не марећи за обећања дата Владимиру. Нису очекивали да се он окрене против њих. Били су заузети другим проблемима. Глава самозваног цара Варда Фоке на копљу је у Цариград отправљена, но, буна није тиме угушена, чему се Василије понадао.

Фокина удовица ослободила је Склира из тамнице и он је поново распламсао побуну; са запада је Самуило Шишман, осветник, чија су два брата страдала у рату а отац убијен пред његовим очима, претећи звецкао оружјем.

Страх који је изазвала појава комете на небу империје 27. јула те пресудне 988. године, није јењавао. Пророчанства су била кобна. Звездани мач је претио да запали свет, врући ветрови су дували Византијом.

Требало је спасавати царство са разних страна начето.

13.

Одвојио се од дружине. Целог су дана ловили, кијевске су шуме обиловале зверињем и улов је био богат. Његов се соко, у сумрак, кад му иначе са руке није полетао, одједном вину. Није га вратио љутити звиждук кнежев, а овај се љутио на себе што соколу није очи покрио, нарав га птичја није чудила.

Летео је полако, тражећи плен. Владимир је, следећи га, залазио у шуму. Махнуо је руком да не иду за њим, да га причекају док сокола дозове.

Шума се затварала. Ноћ је надирала, време се брже но обично померало унапред. Далеко је одјахао, сокола је изгубио из вида. Путељак се проширио у пут и нагло спуштао, укопан кроз огољено корење столетних стабала. Јашући полако непознатим путем, загледао је дубодолину са занимањем. Коњ застаде, подигнутих ушију, ослушкујући. И кнез чу пригушене гласове.

Привеза коња за храстову жилу што је из земље одскочила, и нечујним кораком увежбаног војника крену ка њима. Црвени огртач, широк, спутан златном копчом на грудима, скупио је око себе да не шушти. Град је био близу, а он се са ловцима врзмао по шуми целог дана, и није веровао да би ко са непријатељским намерама могао толико да се приближи, али, док не провери...

Чим их је видео, знао је ко су.

Смеђокоси Јарополк уз женске је скуте одрастао и више био налик мајци него оцу. Под утицајем своје жене Гркиње био је попустљив према хришћанима, али, он, Владимир, није поставио онолике и онакве идоле да би се Руси молили туђинском богу! Забранио им је да се окупљају и врше обреде. Да не вређају богове и не уносе раздор међу људе. Кнежевина је јака само ако је јединствена, имају своје богове и туђи им не требају!

Мишљења да један бог више не мења ствари, ту и тамо зажмурио је на сопствену забрану не претворивши је у прогон. Проблем је био што су хришћани хтели да њихов бог буде једини, а то већ није могао да дозволи.

Посматрао је скуп, окриљен тмином и заклоњен храстовим деблом. Пут, није било друге него да су га они прокопали, нагло се ширио, и ту се завршавао. На узвисини је, са подигнутом руком стајао свештеник, благосиљајући људе и жене који су клечали на земљи. Неки су лежали ничице, челом земљу додирујући. Било их је двадесетак. Један је постарији, дуга му се коса беласала, стајао подаље од осталих, стражарио. Затегнутих леђа и подигнуте главе ослушкивао је звукове шуме. Свештеник је изговарао молитву милозвучним гласом, певајући, а они су прихватали.

То је било све. Није било огромних идола, нити жртвеног ритуала, ни жртава.

Гледао је скуп са радозналошћу, без јарости. Знао је да се хришћани моле у потаји, али није имао прилике да томе присуствује.

„Да искочим? Да их питам тако ли кнежеву реч слушају, или да се вратим и пошаљем дружину да их потера?"

Док остали пристигну, ко зна да ли ће још бити ту, помисли и одлучи да их заплаши.

Суну руком за мач. Како се он мача лати, песму смени молитвена тишина. Све стаде. Ноћ месечна, млечност се кроз грање пробијала. Млада жена која беше руке склопила на груди као да дете у наручју држи, у кип се прометну, а сви остали без покрета и гласа осташе. Са руком на мачу кнез је збуњено гледао.

Кад замреше кретње и стаде молитва, и месечине неста. Црнило све обави.

Чврсто зажмури да изоштри вид, па отвори очи. Блага је месечина обасјавала шуму и пут, прокопан и утабан, што се завршавао овалним затоном у коме малочас сеђаху окупљени хришћани молитвом обузети.

Све исто као трен раније. Само што њих не беше. Ни свештеника са крстом којим је месечев сјај купио, ни људи... Са руком на мачу, у неверици, Владимир се приближи, потражи, загледа около. Нигде никога. Нити иједног шума који би указао да су га приметили и разбежали се. У трептају ока, хришћани беху нестали.

„Врацбине?", помисли. „Да, они знају врацбине. Нису могли другачије да се изгубе. Сем ако нисам сањао. А нисам."

Врати се до коња, зајаха и пусти да га лаганим касом изведе из густиша. Она блага светлост пратила га је. Обузе га необичан спокој. Још мало успори коња.

„Шта да кажем дружини? Дуго ме није било, забринули су се за мене, већ је ноћ. У граду нас одавно с бригом ишчекују.“

Брже је изашао него што је очекивао. Како се приближавао чистини, дневна му је видност долазила у сусрет. Изван шуме био је дан, као кад је у њу закорачио.

Изнад главе му се огласи соко и он испружи руку.

Ловци га дочекаше као да нису приметили колико је био одсутан. А он се учини невешт. Знао је, пошли би да гоне хришћане. И ону жену, са рукама којима грли нешто само њој знано, као да дете себи привија.

„Да, треба да их потерају“, неуверено промрмља.

Није проговорио све до двора, обузет оним истим спокојем и праћен мелодијом молитве. Осећао се као дечак који се враћа из шумских авантура, обавијен милозвуцима. Кад га уморног кратки сан поред потока превари, русалке је сневао, заклео би се да то оне певају. А ово сад...

Ни сутрадан а ни убудуће не прослови ни реч о томе. Да се не срамоти. То је он на коњу задремао, друго не може бити, думао је.

„Чудан сан“.

Тог се сновиђења сетио под Херсонесом, кад су му стрелу са цедуљом донели. И оне жене, што јој је слабо видео лице, а као да је мајчинским рукама све присутне грлила... И њега, у помрчини сакривеног са руком на мачу.

Корсуњ, Херсонес, запамтио је што није ниједан град до тада, било да су га освојили хришћани, муслимани, многобошци...

Да је покорен а није похаран.

≈

Владимир, син Свјатослава пардуса, са зидина освојеног грчког града посла претњу царевима Василију и Константину:

„Дајте ми принцезу или идем на вас!"

14.

У Кијеву, пре поласка на Корсуњ, млада робиња, Хазарка, говорила му је о својој вери. Гледао је у њену косу, сливала јој се низ груди пребачена преко левог рамена и, како је седела, до колена јој је досезала, равна, пуна одблесака ватре. Танка кошуља сарезана од беле свиле, нескопчана, открита прса урешена огрлицама разних боја. Од кад су је довели, ни о чему другом и није зборила, до о свом богу. Испочетка обазриво, а увидевши да је он слуша, све смелије, наговарајући га да се приклони јудејској вери коју Хазари већ исповедају.

Није престајала да се смеши. Чак и у сну. Кад би се ноћу пробудио, видео је да јој на уснама лебди осмех, спокојан, мио, свезнајући. Лако је било њен говор слушати, и замамно. Ипак...

„Руси имају довољно својих богова", одвраћао ју је.

„Само је један Бог, Аврамов, Исаков и Јаковљев", понављала је.

Коса јој се отварала пред његовим питањима, шуморила као мирна река а из ње су текле приче.

Обнаженим рукама по ваздуху је описивала Божја чуда и његове заповести. Поведала је о његовој љутњи и како је казнио свој народ разбацавши га по свету. Подигла би косу изнад главе и пустила је да се рујно проспе. Увидевши да није кнеза придобила причом о Божјим моћима и бићима неземаљским, изрече му пророчанство: велика га слава чека приклони ли се јеврејском Богу.

„На путу, док су ме теби доводили, видела сам трговца за којим иде прича да је син хазарске принцезе. Трговац је, али ће бити каган једног дана. Кад ти пређеш у праву веру, ојачаће Хазарско царство. Тај трговац налик ти је као пресликан, само му недостаје светлост, а ти је носиш. Чула сам и да има белег на рамену, онакав какав сам видела на теби док си спавао. Од тада сањам ватру из које јарка светлост исходи, и будим се опрљених стопала. Наш је Бог страшан, његовој се вољи не противи.

Кад се сретнете ти и тај човек, почеће време брже да тече. Он без тебе не може да власт узме и земљу обнови, прихватиш ли ти јеврејску веру, сав ће свет за тобом потећи, као вода низ брдо кад се брана уклони."

Обема рукама подиже косу изнад главе па је пусти да се разлије.

„Какав год био твој бог, правог је посланика одабрао, твоја лепота говори сто језика", смејао се Велики кнез.

„Заједно ћете владати свим народима, и онима који законе божје познају, и онима који сами себи творе законе."

„Жено, трговац је трговац, а један је Велики кнез руски. Јевреји ни своју земљу немају, њихов их је бог одбацио, како јеврејској вери други народи да се приклоне?“

Почео је да сања ватру, и кад се будио, стопала су му горела као да је по жару ходао.

„Перун ме опомиње да са туђим боговима не преговарам“, помислио је.

Угушивши чежњу престао је да позива себи Хазарку која је видела и са оне стране видљивог и спознајног.

Очи је источила. Кад више суза није имала, доставила му је писмо:

„Кнеже мој, као твој отац и ти имаш много синова. Мој отац има више кћери него синова. Даће Бог да и ја изродим децу. Не плачем више. Кад се год наше време са другим временом нађе и препозна, срешће се мушкарац твоје крви и жена моје крви... и волеће се...

Али ти можеш да оживиш хазарско царство и великим га учиниш, мене заборави а прими веру јудејску.“

Веру јудејску није примио, а њу није заборавио.

Недуго затим, заиста му се на тргу привидело како промину трговац што ликом и стасом на њега подсећа, па је застао али, док се осврнуо, сумњивац се негде изгубио, заједно са целом свитом, пратиоцима и робовима који су за њим носили робу. И велику крлетку на точковима, трговац је очигледно био страствени голубар.

≈

„Кнеже, богови се туђински о земљу отимају. Кнежеви се покрштавају, богови земљу деле међу собом. А наши богови ћуте. Бојим се, кнеже, да нас нису оставили..."

Сазвао је Велики савет и дуго су о питањима вере расправљали, о новим могућностима које су се пред Русима отварале, старим и новим боговима. Различитих мишљења је било и одлуку су ставили у његове руке. Била је претешка, само ју је изабрани могао на својим плећима понети...

„Дошли су ти Бугари са Волге, вере муслиманске, донели дарове, и своју веру ти нуде. Украшени су као идоли, одећа им је скупоцена а главе су им повезане свиленим турбанима. Перун их муњом спалио! Треба да их отерамо. Дозвољавају да човек има много жена, и на оном и на овом свету, али хоће да нам забране медовину и свако пиће."

Мстислав је ово изговорио набораног чела и стуштених веђа.

„До сада још госте нисмо вратили. Нека уђу. На силу се отме, али се на силу не даје. А они немају моћ да нам шта отму, како ће нам ишта на силу дати, па и своју веру? Жена имамо, за то нам њихова дозвола не треба, а пиће Русима доноси радост, што би се тога одрекли. Не брини, драги мој друже. Дај да их саслушамо и да их медовином понудимо."

„Нису само они. Долазе и странци са Запада, од папе. И они би хтели да те у своју веру обрате, па да постимо и гладујемо док се сви не осушимо."

„И њих ћемо пустити да говоре. И нахранићемо их. Код нас се једе, пије и пева, у својој земљи нека гладују колико им је воља. Ни наши очеви нису прихватили такав начин, а што би ми?"

Мстислав је стајао пред њим премишљајући шта да каже. Владимир приђе и стави му руку на раме.

„Кнеже, Русе би увредио да то урадиш, прецима би се замерио, богови би те казнили..."

„Де, де... не бој се. Оно, радо бих све богове саставио на једном месту да не развлаче људе на разне стране. Да кажем, ево, сви су вам ту, па се молите ко коме хоће! Али, знам ја да вукове и овце у истом тору држати не можеш."

≈

Малуша је од Свјатослављеве погибије престала да присуствује обредима.

Једног јутра, испуњена надом коју се није трудила да сакрије, дошла је да сину сама најави уваженог госта из Цариграда, филозофа који ће му приповедати о вери хришћанској.

Свеће од медвеђег лоја, распоређене по белодубим столовима и између решетака на прозорима затворених капака, споро су догоревале, а двораном су играле сени као да их покрећу изговорене речи. Владимир је дуго, са занимањем слушао излагање о Сину Божјем и његовом страдању ради људских грехова, о духу Божијем који лебди над водама, па се људи крсте водом и задобијају печат Духа Светога, о благодати Божјој, о рају и паклу.

На крају филозоф разви платно и пред њим се указа Слика Потоњег суда. Праведници са десне стране весело иду у рај, са леве стране проклетници, изобличени и згурени, невољно се вуку у пакао. Словенима непозната идеја пакла коснула га је својом језовитошћу.

Велики кнез, кога је вера очева учила да се у оном животу све наставља како је у овом трајало, није заборављао тренутке кад му се хладноћа скупи на прсима и притисне га питањима на која није налазио одговоре. Тражио их је у телу жене, у радости коју пружају гозбе и весеље са пријатељима. У ратним победама и слави.

У свему без мере.

И није их нашао.

А мера је у средишту човековом...

Устаде и загледа се у слику. Руком ућутка филозофа који се, понет кнежевим занимањем, беше распричао, и отпусти га. Нареди да га обдаре и врате у Цариград.

Кад су се, оставивши за собом много речи, великих и обећавајућих, сви изасланици разишли, ноћима је сањао раскршће. И ветрове који су се око њега ломили, али нису могли да му науде, ни да га из места покрену. Хук би постао застрашујући, све би преплавила белина и ветрови су се повлачили а он се будио у зноју, још заслепљен светлошћу из сна.

15.

Откада је ушао у Корсуњ, поново је сањао те снове.

Једне је ноћи узалуд очи длановима трљао, светлост је испунила собу пробијајући тешке засторе око лежаја. Толико је била јака да су се предмети и ствари назначавали само у контурама.

Вид му се мало привикао на блесак и схватио је да није сам. Крај прозора је стајао човек у свечаној одори, сличној оној какву су носили хришћански свештеници. Једноставна црна хаља опшивена златом. Лице прозрачно, као да није од овога света, са тамним очима, топлим и људским. Сусревши тај поглед, осети спокој, и више му ништа не беше за препаст.

Странац пружи руку ка њему, Владимир пође. Питања је имао, али, у покушају да се огласи, схвати да за то није време.

Излазећи, присенило му се да на лежају види себе уснулог, али ни то га не помете.

Корсуњ је брзо остао далеко иза њих.

„Ко си ти?", осети да глас поново струји његовим грлом.

„Рибар."

„Шта хоћеш од мене?“

„Да ти укажем на оно што носиш у себи, али очи су ти затворене. Да ти отворим пут ка Христу, сину Божијем који је на крсту издахнуо примивши на себе страдање за спас човека.“

„Трнов венац, клинови, умирање у мукама. Зашто? Зашто ако је он син Божији?“

„Љубави ради. Он један примио је грехове многих... казну која би грешни род људски сатрла на себе је преузео. Ко се Њему окрене, очистиће га додир светлости божанске, избавиће га од пропасти и вечне смрти, јер Христ је умро за свакога од нас.“

≈

Кијев. Уснуо, тамом прекривен, а на узвисини, на брду изнад града светлео је крст.

Рибар подиже руку. У њој беше дрвени крстић на танкој свиленој узици, и он га пружи Владимиру.

„Онај тамо горе сам ја поставио, док ту су још само брда била над којима је сијала милост Божја. Неко га види а неко не, али то је био део мог задатка. Да се око овог града шири хришћанство земљом руском.

И Новгород је ту, а за њим ће поћи градови и села.“

И Велики кнез угледа Новгород под снегом, снежним наносима осветљен и месечином што се о њих одбијала. У гласу свог сапутника наслутио је осмех.

„Новгорођани сами себе шибају младим прућем и полумрзлом се водом поливају. Постојани као земља на којој су, оштри као зиме новгородске, опираће се промени, али кад се вери Христовој окрену, биће један од њених стубова.

Овај крст у мојој руци теби је намењен. Узми га, и подари га Русима. Прихвати пут спасења. Пут који сада изабереш, пут је твога народа за сва времена.

Овде сам да ти дам избор. Можеш да узмеш веру хришћанску, и руска ће кнежевина кроз поколења јачати, и што буде у вери својој постојанија, то ће њена моћ бити већа.

Не примиш ли ово знамење Божије, неслога и раздор ће Русима завладати, разне ће вере примати и клањати се лажним боговима, док се не распу по свету. Од моћне кнежевине остаће само Кијев над чијим горама сам ја промишљу Божјом крст поставио; и Новгород одакле ће, кроз векове, све почети из почетка.

Живи и делај у славу Христа, душу ћеш своју спасити, своје потомке и народ руски. И име ће твоје бити међу посвећенима."

Полако, очекујући отпор кога не беше, рибар му намаче крст око врата.

Владимир погледа око себе. Нигде Кијева, ни Новгорода, ни меркле ноћи, беше поново у својој соби, а оно што ју је обасјавало долазило је од незнанца.

„Ко си ти?", поново га упита.

„Андреј, рибар, син Јонин и брат Петров, ученик Јованов, родом из Витсаиде, и вољом Његовом први од апостола који пође за Христом."

Јутро је дочекао будан, седећи на ивици постеље, са главом међу шакама. Кошуља на њему била је мокра, као да је целе ноћи у бесном трку јахао. Отимао се омамљујућој омаглици. Подиже главу и не препусти се окрепљујућем сну.

Било је хришћана у његовој војсци, да му нису они нешто уврачали, питао се. Да ли је ово ноћас била хришћанска подвала?

Ти исти већ дуго шапућу како је и кнез Свјатослав у одсудном часу, пре но што га је опако парче гвожђа с главом раставило, ни Тора, ни Перуна, већ њиховог бога зазивао.

Био је збуњен. Зашто Велики кнез Свјатослав Игорович није прешао у хришћанство ако ће то, како му ноћашњи гост рече, донети велико добро руском народу? Држао се богова својих отаца. На крају су га издали. Да ли је тачно да се пред смрт хришћанском Богу обратио?

Богу који је у мукама скончао због људских зала и грехова. Да би људе спасао вечних мука. И њега?

„И мене?"

Причало се да је, док су се његови војници злопатили и крварили на обали Дњепра, на земљи печенешкој, а како је зима одмицала бивало их је све мање, кнез Свјатослав усанио сан, поменут а неиспричан, и донео одлуку којој се нико није надао наглас је исказавши:

„Ако се вратим у Кијев, наново ћу да подигнем ону хришћанску цркву."

„Док је год крст над земљом руском, нема чега да се боји. Сви ће други од ње стрепети, а она ни од кога сем од Бога јединога!", чуо је ноћас.

Реч да једну није изговорио, сама појава гласника у ноћи, и даровани крстић, више су говорили од свих изасланика земаљских који су га опседали!

Туђински му је Бог пружио руку?

„И да је све био сан, у сну се душа од тела одваја и њена су виђења права."

Десни длан га је засврбео. Отре га о влажну кошуљу на грудима и загледа. На њему беше отисак крста преко трозупца утиснут, као кад му је Олаф на одласку крст у руку ставио, а он га о јелову грану окачио.

Уплашен, скиде даровани крст са себе. Соба се замрачи, као да је лучу утулио.

„Буди чист и безазлен као голуб."

Тај сневан или стварни лик много је тражио од њега.

Лакше је многим боговима жртве принети, но том једноме удовољити. Како би се, тако безазлен, одупрео непријатељима, земљу ојачао и народ од зла сачувао? Перун влада силом. Ако је хришћански Бог љубав, у чему је сила његова?

Одупирао се, и не попусти пред осећањем да је, скинувши крстић, откинуо од себе нешто своје.

Размишљао је о тој ноћи, о данима који долазе и одлукама које ће, то је увиђао, морати да донесе.

Мучно је и тамновито било, иако је Сунце добро одскочило; још је мање видео него претходне ноћи, па помисли како је још сном обуњен.

≈

„Кнеже, гласник је стигао из Цариграда. Спремају на пут принцезу у пурпуру рођену, прекрасну Ану! Шаљу је да ти буде жена!"

16.

„Ана.. Име јој је бело. Прхки суви снег. Меко паперје. Каква ли је? Рекоше ми да је тужила што је шаљу прљавом незнабошцу. Ана. Да, њено име је чисто, оставља звук драгости.

Драги камен Цариграда, кажу. Прва међу госпођама хришћанским. Моли се једном Богу и то и од мене тражи, очекује. Требало би да имам само једну жену, само њу!

Причају војводе да су мом оцу све жене биле исте. Не знам њему, али мени нису. Пут, дах, смех, све је другачије. Како гледа, говори, милује. Једна игра као шумско биће, друга пева као шумска птица пролеће најављујући, трећа се увија као риба испод рупе у леду... Моје жене... Морао бих да их се одрекнем. И оних нових робињица којима се још нисам ни приближио. И Марушке што је плакала данима кад сам на пут полазио, молила да је поведем... Ах, она, она је титрава омица незаузданa и неоседлана, црне јој зенице секу муњама кад другу погледам.

Живот је као јахање коња. Мораш чврсто да држиш узде и останеш у седлу по сваку цену. Чим осети слабост, коњ ће терати по своме, а могу и да ти бубну леђа о ледину! Моје је да држим узде, и да управљам, може Ана да тражи шта јој је воља, ја ћу да дам шта је мени воља. Шаљу је, а ја нисам њихов услов испунио, значи да су у процепу.

Крштење... сви причају о томе, сновиђења разна ме сколила. Али, та је одлука моја... Није стара вера изношено рухо, тешко је то...

Родиће ми синове, добиће Руси Цариград без мача и мртвих глава! Иако су ме дивљаком и безбожником називали, шаљу ми принцезу за жену. Велика Византија погнула је главу.

Знају они шта раде. Ако би Руси поново дошли на врата Цариграда... овога пута би и ушли, свих ми богова!

Велики је посао започео мој отац, али богови га нису подржали. Хришћански Бог толико је пута својима у помоћ притекао... Ако бих га молио, да ли би и руском народу помагао...?

Перун зажди муњом и громом кад се наљути, али на крају свако оде прецима у части и слави. У рај, верујемо, у долину небеских гора кроз који река од свих земаљских бистрија тече.

Радије бих да са својима идем путем који у рај води, него да прођем као они бедници што се вуку у пакао.

Да ли заиста грешни иду у пакао?

Како Велики кнез, тако сав народ руски. Мој народ је старо дрво, чворновато, тврдо. Како бих га обратио? И они који верују, и они који сумњају у моћи старих богова, за своје их држе и тешко би нову веру прихватили. Али, да није врачева да застрашују људе, шта би било са нашим идолима? И моћ врачева слаби...

Ново време долази, све се мења. Реке непрестано нову воду ваљају, син од оца има дужи корак, граби напред. Моји синови... Свјатополк је први мачевалац у Кијеву... Мене је баба Олга учила руским словима, понешто и грчким, а Јарослав зна славјанско писмо, бугарско, грчко... Да, корак му је дугачак.

Ново време. Од очева нам је остала вера тврда као залеђена руска земља, висока као дрвеће у нашим шумама, немилосрдна као студен. Али, смутња је ушла међу људе, безверје надолази. Руси се колебају. А народ без вере, као што би човек без кичме, расипа се, пропада.

Рече рибар:

'Будите јаки у вери. Један је Бог.'

Морао бих да прихватим живот са једном женом. Ниједна од мојих пет жена није принцеза у пурпуру рођена, али све су од доброг рода, све су ми пород изродиле. И свака ми је као да је једна. Кад сам са њом, једина је.

Која би могла....? Не, ти мисли скривена, не питам тебе. Да, Хазарка... подигнем јој косу, откријем мраморна леђа подељена благом увалом кичме... Очи јој боје Дњепра кад се над њега надвије тамни облак, дух широк, слободан, па да је и сто пута робиња! Кад прича, време стане, у крилу јој се угнезди и као мачка преде. Лако је њој поверовати. Чак су и њени снови почели да прље моје табане. Зато сам је од себе одвојио. Боље је. Да би кнез власт држао, мора прво над собом.

Не сме да се поводи за лепореким женама, врацбинама и подметањима...

Кажу да је жена крива за сва страдања човекова, због ње су први људи из Раја изгнани. То и личи на жену! Да буде лукава, да превари.

Зато је, кажу, жена родила Избавитеља који својом жртвом грехе људске искупљује. Њему, што хоће да људе од пакла избави, радо бих вола угојеног принео, али он не прима жртве.

Себе је на жртву принео, за спас многих.

Ниједној не верујем до краја, свијају се свака око свог потомства, труде се да што више приграбе за своје синове, да мени, кнезу, женским лукавствима своју вољу наметну. Муње ми Перунове, да их не држим чврстом руком, град би разградиле!

Принцеза је Ана лепотом прослављена и узвишеном отменошћу. Причали су ми изасланици да је обавија пурпурни вео преко беле хаљине скопчане прибадачом непроцењиве вредности, а на ногама јој беле сандале са златним врпцама.

И моје жене носе свилу и кадифу, и накит и крзна, резбареним чешљевима од кости и дрвета, са дршком од злата, косу чешљају. Трговци их мирисима снабдевају. Женских му демона, деси се да ме смуте мирисом, омађијају...

Труде се да ми у свему удовоље. Па ипак, можда је отац имао право, на крају је увек исто... Неког јутра, по буђењу, не знам која уз мене спава док је не погледам.

Не могу да разлучим шта је обмана и варка, а шта је истина. Истина је једна, али, како лице намести, тако је човек сагледа. И како он према њој стане. Другачије изгледа изблиза, из даљине, из беде или изобиља. И да један уз другог стоје два човека, подједнако сити или гладни, једну ће истину у две спознати, свако своју.

Док се сама не објави, док не избије као вода невидимка и просече корито. После је лако.

Кад се то деси, знаћу.

Сан ме хвата. Добро је.

Ана. Да ли је добила мој поклон?

Сутра долази... "

17.

„Пристигли су са обзорјем а она још није сишла са брода. Сад је нашла да се погађа! Нико кнезу руском не заповеда! Да се крстим? Нисам ни обећао, ни одрекао, нека верује шта јој драго.

Мстислава ћу им послати, он ће најбоље да доскочи њиховим лукавствима, речима сече колико и мачем. Или ће Ана покорно да сиђе, да ме изује и за мужа призна, или нек иде одакле је дошла, а ја ћу мачем узети све што не дају милом.

Шта ми је са очима? Усред дана ми се мрачи... Опраћу их леденом водом.

Мстислава ми зовите!"

≈

У тихи залив Símвoлов пристигле су лађе из Константинопоља. Упловиле су у свитање, а све се из града слегло да види долазак принцезе. Тајна која има више од једног власника, престаје то да буде.

Ана, гајена међу зидовима порфиром застртим, у палати са стубовима од јасписа и оникса, навикла на свакодневне топле купке и да миришљаву воду место вина пије, јединствена међу женама хришћанског света за коју до двадесет шесте њене године нису пронашли достојног мужа, долазила је да буде руска кнегиња.

Најпре су сишли на обалу дворани, свештеници у светлим одорама и монаси у црним ризама, чиновници окићени разним одличјима и орђењем, писари са мастиљарницама за појасом...

За свима, прошавши између редова који се измицаху с поштовањем, робови су пронели носиљку закривену златовезеним застором боје мора, као таласом прекриту, и брзо се нађоше иза градских зидина, пожуривши у двор.

Нико није видео ко је у носиљци, али су сви знали. Владимиру је стигла невеста.

Да су је могли видети, питали би се шта то држи у руци. Уролани свитак. Слику. Ону коју јој је руски кнез послао по изасланицима. Због ње је престала да плаче и почела да се спрема на пут. Све је на слици било уписано.

Понела ју је са собом да њоме употпуни брачну ложницу, уверена да јој је мушкарац са слике женик, зато што је жена имала њен, Анин лик.

Робови су дуго износили са брода дрвене сандуке, огромне крчаге и тешке бале, свакојаке дарове византијских василеуса руском кнезу и слагали их на обалу.

Неколико свештеника из Кијева, што су са кнежевом војском дошли, приближише се византијским свештеницима и започеше разговор.

То је био први корак, и гости и домаћи се помешаше.

Живост није престајала. Дах долазећих промена покретао је људе на обали, па су галамили и гласно се смејали док год нису госте отпратили до коначишта.

≈

„У носиљку су је сакрили. Каква је да је, нема узмицања.

Није ми помогла ледена вода.

Да ми се то смрт не примиче?

Све ми је надохват, принцеза, Цариград... Овај би дан требало да буде светао и славодобитан. Врачара мисли да су на мени чини и уроци. Требало је да ми се развидели од њеног мрмљања! Она, и онај жрец што се увек појави кад га нико не зове а сад га нигде нема, не буду ли ми вид избистрили...

Страх. Да, сад знам како је онима што у тами живе, без вида очињег. Као и да нису на овом свету.

Свет сенки. Да се не примичем хришћанском паклу? Не боли, само све нестаје, остајем сам...

Смутили су ме. Толики богови, наши и туђински, а нико од њих сад да ме погледа... "

≈

„Гледај срцем, и видећеш. Очи ти сметају, заводе те, прече да спознаш истину. Зато ти је тама на очима, да би у светлости прогледао."

„Да гледам срцем и из невида изађем. Да прогледам у светлости. Светлост? Оне ноћи ме заслепила, склањао сам поглед у страну, а данас ме гуши мрак. Можда није требало да склањам поглед."

„Веруј у Бога живога, Бога истинога."

„Не видим те, али знам да си ту. Ти си Андреј, рибар који служи своме Богу. Кажи ми зашто испаштам."

„Љуби брата свога као самога себе."

„Није крв браће моје на мојим рукама. Олег је страдао несрећом, пред Јарополком бежећи, Јарополка су убили без мог знања."

„Бог је судија, свима ће по правди његовој бити."

„Изведи ме из таме..."

≈

„Све је бело. То крст који сам од себе отурио, тролучом светлошћу зрачи. Да ли је требало да ослепим да бих видео?"

18.

Затражио је да кијевски свештеници, махом Бугари, што су са војском од своје воље кренули, буду уз епископа корсуњског и попова из Византије пристиглих. И Руси имају цркву хришћанску, слаба је, али ојачаће као што је и кнежевина руска.

Испрека су погледавали грчки попови на кијевске, али нису имали куд.

Крстио се у цркви Светог Василија, именом Василије.

„У име Оца, и Сина, и Духа Светога".

Бело перо однекуд долете и паде у воду.

Владимир га једва приметним, спорим покретом руке, да свети чин не ремети, дохвати и стеже.

Зрак сунца се кроз неку кровну шупљину пробио и пао на кнежево лице. Он смешком узврати.

Кад је сунце кроз кров сеника поздравило његов долазак на свет, први се пут осмехну, невиним смешком новорођеног.

Сад се смешио блаженим осмехом поново рођеног.

≈

Горуће је љубио Рус', земљу руску и народ.
Кога је год волео – из пуног је срца.
Кад је јахао, врцале су варнице под копитима.
Где је војску предводио, пут му се сам отварао.
У боју је копља мачем пребијао.
Певајући, из пуног је грла глас отварао.
Пуном је чашом наздрављао и надушак је испијао.
Сваки му је залогај бивао слађи кад га са пријатељима дели.
Жена му ниједна не одрече.
Друг му не превери.
Боговима се молио здушно и жртвама их почаствовао.
Вера је потреба, узвишени смирај души устрашеној пред вечношћу. Коначност и крајња мистерија смрти оградиле су га питањима.
И, нашао је одговор: Не тражи веру, веруј!

Кратковидост људског бића, којој нико од смртних није избегао, скретала га је са пута ка истини, а на том се путу лако оклизнути. Његов се свет ширио, границе кнежевине се удаљавале, деца се рађала. Имао је све. И могао је све. Сем да избегне хладан додир сени, слућену језовитост оностраног, подсећање да је све пролазно, и он сам.

Једно му се питање неизговорено враћало од дана када се први пут приближио жртвеном обреду, и скоро до краја одгледао погребни ритуал бољару

Ивору намењен. Тело сагори... како ће онда уживати у храни и пићу, у миловању, јахати коња, витлати мачем? И још све – и коњ, и пас... и жена, оде у дим и пепео... Искричави дечји дух се тада побунио.

Побуну је у себи гушио кад се год јави. Морао је да поштује вековне обичаје.

Несавршена природа човечја дуго му није дозволила да схвати, опирао се да види путоказе, да се отвори ка истини. Али, светлост га је водила ка одредишту. Све док није превладала и испунила оно празно место у њему које је походила тамна сен, доносећи му неизгониву студен. Додир сопствених грехова. Страх. Безнађе пред неумитним црнилом.

Прошавши многа искушења, са истом страшћу са којом је свакога дана живот прослављао, љубио, молио се, ратовао, ловио, синове саветовао, градио... прихватио је хришћанство. Искрено и предано, у жељи да дотакне вечност; да, кад одхода свој пут смртника, оде тамо где ће свакоме бити према заслугама. Сва је дела своја ка томе усмерио, одлучан да свеколики руски народ приведе вери у једнога Бога Истинога. Јер, сен која га је опомињала, није била само над њим, надвијала се над целим народом. Владимир је схватио да су племена божанском промишљу окупљена у руској кнежевини, истом оном која је њега изабрала да их обожи и поведе путем спасења и напретка.

Мера јесте у средишту човековом. Али, кад је човек по вољи Божјој, мере су му Божјим аршином одређене.

≈

На дугачком столу лежао је венац, а око њега остали симболи царског достојанства. То му је доносио брак са Аном.

Али, крштење није примио због ње, него себе и руског народа ради.

Све је добило смисао. Цео његов пут дојакошњи, вођен и повезан знаковима и промишљу Свевишњег ближио се циљу.

Двадесетосмогодишњи кнез покорно је погнуо главу, са захвалношћу.

Обукли су му дугу кошуљу, а преко ње бели скарамантиј, сличан руском огртачу, са крстом сребрним концем извезеним, опасали га појасом од црне свиле, а преко свега ишла је златом обрубљена хламида са високим оковратником. На ногама црвене сандале.

Сандале су га жуљале, ново рухо спутавало, оковратник давио. Мала цена за круну василеуса која га је чекала.

Облачећи се, по навици баци поглед на шару на рамену коју је одувек за крило змаја држао. Задржа руку, стрже тек навучену кошуљу и погледа поново. Пажљивије.

Или се облик прометнуо или га он, заведен предањима и слеп пред очигледним није до тада добро сагледао. Уместо крила змајевог, на рамену му је било уписано мало перо, голубије. Белег од оца наслеђен.

Насмеши се и прогута оно што беше заустио. Сад је разумео шта је значио онај обрис на његовом длану који га је, кад би се год тога сетио, загонетком мучио. Крст преко трозупца.

Анин крхки стас био је обавијен сребрном туником. Сребро је светлуцало кроз густи вео што јој је покривао главу и падао по њој све до паса.

Владимир јој подиже вео. Сусрете га поглед таман и сјајан, учини му се да лепшу жену није видео. Анђеоско појање допринело је томе утиску оплемењујући читав простор, ширеhи се васељеном...

Невеста јесте била лепа, а није узалуд била ћерка превејане царице, заводнице Теофане! Мило је пред његовим погледом погнула главу и узвратила му стиском руке. Рука јој беше сува и топла.

Испод ока је, са смешком шћућуреним у углу усана, погледавала на „дивљака" коме су је наменили, присталог, у краљевској одећи коју је он својим стасом узвисио и величао и мислила како нема таквог на византијском двору! Да је могла да бира, да су је питали, радије би за бугарског цара Бориса пошла, за хришћанина, али сада...

„Многаја љета, Господе!"

Уз многогласну песму хора, присутни су на коленима славили Господа, и поздрављали њега, василеуса Владимира и василису Ану.

„Робињић", прође му кроз главу.

Дуг је пут прешао откако је из Кијева запловио ка Новгороду. Браћа су то сматрала изгоном, а он, робињић, наградом – добијао је своју кнежевину. Сад добија круну.

„Да ли ће ме икада још неко робињићем назвати? Сад сам раван византијским царевима Василису и Константину, и Отону у Германији... А Рус' је држава равна Византијском царству и Германској империји, неће је више звати дивљом земљом, варварском."

Подиже руке:

„Хвала ти, Боже! Прими молитву моју..."

„Подигни крст над земљом руском...", сећао се сна оне ноћи, кад је душа његова земно тело оставила и кренула на пут. Или је то било на јави... Било је истинито шта год да је.

Поново ухвати за руку Ану, која ће му од тога дана бити једина жена. А шта ће са осталима? Мислиће о томе касније.

„Ана. Трепти. Да ли се боји мене? Упозорили су ме да је можда претворна као мајка јој. Гркиња. Одвојена од својих, у туђој земљи, међу туђинима, женским ће се лукавствима борити за себе.

Зато се гради да ме је хтела и вољно дошла, а силом су је нагнали, знам. И гледа ме кротко.

Бићу јој добар, Бог је љубав."

Свеће су гореле у сребрним свећњацима, бацајући златни одсај на лице василисе Ане.

Понос је надвладан миром и хармонијом што су га свега прожели. Венчање у цркви било је наставак оног сна у коме је Владимиру Божји посланик дошао.

И он му се препусти.

19.

После много дана тражења и безнадног чекања, Никитина кћи појавила се пред кућом уредно одевена, мирна, **насмешена**. Смерно је седела на прагу.

Тако су је нашли родитељи вративши се предвече са свакодневног рада на цркви и око ње. Недавно им је неко преко ноћи уназадио вишенедељни труд, разваливши део зида, па су то поправљали. Нису видели да је прамен косе, истом зиду на чување поверен, испао. Неколико власи, ветром ношених, о торбу се успутног намерника окачило.

Да су знали да ће тиме развезати чвор који их од ћерке одваја, сами би замотуљак извадили и на пут оправили.

Нису имали снаге да се радују, то је остало за долазеће дане, само су се свили око ње.

Но, тих долазећих дана, напокон спокојем испуњених, радост им је била умањена. Девојчица није могла да говори. Испрва су мислили да је збуњена, уплашена. Али, тако и остаде. И њој, као и њеном оцу, било је ускраћено певање, а и говор.

Око врата је имала крстић. Временом су разабрали да су је били уграбили трговци робљем, али је спашена милошћу једног хришћанина који се сажалио, откупио је, па уз своју децу пригрлио и ово купљено.

Мајка се, замоливши Бога да јој опрости, и врачарама обраћала не би ли јој дете проговорило. Ни то није помагало. Дани су пролазили, девојчица је ћутала. Смејала се, плакала, само није говорила.

Никита и жена му молили су се Богу, и трудили се да им то безгласје не помути захвалност због њеног повратка.

„Грех је на вашој кући. Клетва презрене девојке која се са стене бацила, а плод је у утроби носила. Никита је згрешио и још се због тог греха није покајао. И сад му је срце тврдо кад се тога сети.

Он неће, девојчица ће проговорити. А једна ће друга жена, која је са њом косом и сновима повезана, да занеми.

Твоја ће кћи, кад јој дође време, родити ћерку, и њена ћерка ће женско дете имати... И све ће певати тако да се и трава подигне и цвет исправи да им глас чује.

Женска ће им се деца рађати. Али ће на мужеве њихове у сваком следећем колену Никитин грех пасти, и неће ниједан бити безбедан од удара грома док се речено не изврши.

Грех је очев на твојој кћери, а та ће га жена кроз сан који заједно сањају преузети. Твоја ћерка носи завештање; та друга жена има знање о њему, и она ће родити сина чија ће се лоза мушким дететом наставити.

Кад се време са временом сусретне, поново ће се рађати жене певалице, са царским грлом које је дар Божји.

Песмом се Бог прославља.

Срешће се жена крви твоје кћери са потомком те друге жене. Они ће родити чуварку.

Светлошћу ће и светошћу бити време са временом повезано, простор са простором.

Тада ће се и проклетство Никитиног греха скинути, али ће пре тога његов грех бити поновљен. Кад се починилац покаје, и грех ће се пред кајањем повући.

Не зови врачаре, радуј се ћерки која ти се милошћу Божјом вратила, говор њен прими као дар непознате жене, и настави да са мужем својим храм Божји градиш.

Не задуго, биће громадан, а око њега ће се бројне цркве уздићи..."

Сан ју је оборио усред дана, у послу је прекинувши. А у сан јој је дошао незнанац седе косе а младог лица, са отрцаном торбом преко рамена. Пробудивши се, протрљала је очи:

„Чудни су путеви Господњи."

Вратила се свом послу, спокојна. Прекрстила се, па се латила чупања корова и бујади.

≈

Кад је Владимир кренуо на Константинопољ, три дана по његовом одласку, млада је Хазарка утекла из двора. У првом су је покушају ухватили, и за казну, жене су јој косу одсекле.

Тупо је гледала како око ње падају угасли црвени праменови. Један је ногом покрила, кришом дохватила и сакрила у рукав.

Није много дана прошло, а она је нестала.

Видели су жену главе покривене густом копреном како клизи градом, скоро да лебди, хода као да земљу не дотиче, и сваки час се огледа – нешто тражи, или се крије.

Било је обоје. Крила се, и тражила. Невештим се знацима споразумевала, објашњавајући шта и кога тражи, не могавши да глас из грла извуче.

Чуло се на двору да је отишла са хазарским трговцем. Куга му је нека у птице ударила, и оно што је преостало, куњало је. Да их Хазарка није запојила лековитом водом коју је о пасу у мајушном крчагу носила, ниједан му не би прескочио.

Отишли су предвече, следећи месечев траг, и нико их више није видео, нити се шта о њима чуло.

20.

Кијев, град на три брда, над којим је вековима уназад горео крст светог апостола Андреја Првозваног, требало је најпре приволети вери Христовој.

Владимир је Корсуњ поклонио Аниној браћи, као уздарје за њену руку. Са обе стране дат је залог љубави и мира.

Од епископа херсонског је у име благослова добио часну главу Светог Климента који је пострадао у Херсону у I веку, и честицу моштију његовог ученика Фива. То су прве светиње које је донео у престони Кијев, заједно са иконама и црквеним сасудима.

Вратио се са круном на глави. Златни обруч инкрустриран бисерима, обложен пурпурном свилом, на врху је имао крст са четири крупна бисера. Црна симара преко пурпурне одежде златом проткане. И црвене чизме, царске.

Народ који га је дочекао био је засењен. Не само господском одећом и круном, Владимир је зрачио новом узвишеношћу душе крштењем озарене.

Малуша се крстила дочим је чула за синовљево крштење, и кад је са брода сишао, пропустише је да му прва приђе. Не обазирући се на његово противљење, пољуби га у руку.

Чим је дошао, крстио је својих дванаест синова, па онда Русе крштењу привео. Својим је примером јаче него икаквом стегом народ обратио.

По наређењу Великог кнеза који их је и подигао, срушени су идоли, дрвена трупла, злослутно црна, нагњила.

Перуна су привезаног за коњски реп до обале довукли и низ Дњепар пустили. Све до реке дванаест мушкараца штаповима га је шибало, не да би натрулo дрво бол осетило но да демона обешчасте кога су, обманути, за бога држали.

Било је оних што су јадиковали над судбином свргнутог бога. Неки су идући за коњем, о земљу, а не по идолу штаповима млатили, бојећи се гнева громовитог.

Плач и ридање многих Кијевљана, ужаснутих рушењем највећег међу боговима, пратило је поворку. Страх им је погледе ка горе наводио, у ишчекивању да се на њихове главе и плећа обруше сводови неба. Или да муњоносно копље спали град, и кнеза, и све њих који су се усудили да на Перуна руку подигну.

Они који су у кућама остали не желећи да имају удела у чину непојмљиве им страхоте, у коме је човек на свог бога устао, чврсто су затворили и врата и капке на прозорима пред очекиваним гневом Перуновим. Пред погледом његовим, јер беху сигурни да оку огњевитог бога дрвене грађевине никаква запрека нису. Људи, жене и деца дрхтаху у полумраку. Кожухе су нопако окретали и навлачили на леђа, да невољу одбију. Обрицаху жртве, мољаху се...

Чак и они који су спремно нову веру примили, нису успевали да прикрију бојазан од освете оскврнутог бога.

Не спалише га. Не сасекоше.

Највећег су и најмоћнијег бога као покојника води поверили, а место на коме се уставио насукан, назвали Перуновим брдом. Тако су се последњим обредом од њега опростили и стару веру сахранили.

Многи су наставили да га у потаји оплакују.

„Ко не дође на Дњепар да праву веру прими, ко се не одрекне лажних богова и ђавола, мој је непријатељ! Био богат или убог, просјак или роб!", огласио је Велики кнез.

Дошли су, не знајући тачно шта их чека, устрашени, збуњени. Преовладало је поверење у кнеза, не би он свом народу зло донео, а бољари себе ради не би прихватили оно што је лоше.

Хришћани међу њима охрабриваху их. Волхви се разбежаше и у потаји подбуњиваху колебљиве, претећи им казном и проклетством предака чију су веру издали.

Поједини жреци, немајући куд, примише крштење, други пребегоше у нека од још некрштених племена.

Врховни жрец Перунов, Блуд, нестао је из града, чуло се да се придружио разбојничкој хорди али нису могли да му уђу у траг, а кнез је имао важнијих послова и пречих брига од одбеглог жреца.

Разаслао је војнике да ка обали потерају неодлучне. Вучји Реп им је био предводник. Уз њега син Черкескињин, Владимир, у белој туници, са крстом око врата. Носио је прстен на малом прсту, од злата, са власима косе уплетеним. Прстен му је мајка дала а Вучји Реп га је звао својим сином.

Уз реку су их чекали корсуњски попови, византијски свештеници пристигли са принцезом Аном, и бугарски свештеници којих је било и пре тога у Кијеву. Оклопи, штитови, копља и мачеви, наглашавали су кнежеву одлучност.

Присуство Великог кнеза охрабривало је људе да масовно уђу у воду и приме свету тајну крштења.

„Ново време, нова вера, нека опросте преци...", говораху међу собом. Кнез на себе преузима спасење њихових душа.

Он је, у име свих присутних одговарао на питања епископа:

„Одричемо се... одричемо се... одричемо се."

Од сатане, дела његових, анђела његових, службе његове и таштине његове.

„Одричемо се!", понављао је окупљени народ.

„Сједињујете ли се са Христом?"

„Сједињујемо се са Христом."

„Јесте ли сједињени са Христом?"

„Сједињени смо са Христом."

„Верујете ли у Њега?"

„Верујемо у Њега, Краља и Бога."

Три пута свештеници су по три прста десне руке у Дњепар замочили и реку крстили.

Најпре су, ко до паса а ко до самога грла, у освећену воду зашли мушкарци, свечано и радосно, млађи пливаху. Жене, што су их у и бојy следиле, и у смрт за мужевима спремно ступале, придружиле су им се, заједно са децом, најмлађе су носиле на рукама.

Ко се крстио, крстић је дрвени добијао око врата. Уз сијасет дрводеља, крстића је било за све.

Неки су покушали да избегну обред, молећи се потопљеном Перуну да их заштити од туђе вере. Немајући куд, изговарали су се да су већ крштени, али кнез беше наредио да ко год нема доказ око врата, поново у воду уђе.

Попови, стојећи на обали, молитве твораху.

Дан се отвори светлошћу.

Кијевски Руси први пут се помолише у име Оца, Сина и Светога Духа.

≈

Наредио је кнез да се на узвишењу, са кога се пантеон уздизао, почне са градњом цркве Светог Василија. Византијски мајстори беху ту, ради да помогну. Искрене вернике то је обрадовало, а оне који се још старих богова бојаху, тешила је помисао да кнез гради храм своме имењаку и заштитнику на истом месту где је стајао Перун. Обредиште ће остати свето, говораху.

Црква Светог Василија грађена је стамено и раскошно, уз помоћ византијских мајстора.

И почеше да се крсте људи по свој земљи рускoj.

Владимир је послао свештенике у Новгород. Сећао се речи посленика Божјег, у тајанственој ноћи, да ће Новгорођани бити тврди у вери и истрајни, какви и јесу у свему, али ће баш зато тешко да се преломе и преобрате.

Уздао се у војводу Добрињу, а Добриња у Путату и словенску војску колико и у мисионаре, јер је познавао тврдоврату нарав северних Руса.

Новгорођани одбише крштење, а побуњеници спалише Добрињин двор и обрушише се на хришћанску цркву Преображења. Путата се са малим делом војске прикраде и похвата вожде, а Добриња са друге стране поче град да пали. Пламен лизну небо.

И покорише се.

Добриња је први на Перуна секиром замахнуо.

„Устани, Перуне!" зазивала је срушеног идола руља очајних, распомамљених поклоника. Узалуд. Мртав је бог завршио у таласима Волхова.

Настављено је изазивање и разјаривање божанстава, а њихов је одговор изостао. Разваљена су склоништа за богове грађена, са двоструким зидовима од храстовине.

Дрвени идоли су спаљени, камени у воду побацани, поломљени. Новгорођани плакаху за њима, жаљаху за својим духовним коренима, бојаху се новог.

Мушкарци узводно, жене низводно од моста, и сви становници беху крштени у истом дану, што милом, што за врат па у Волхов!

Док се Велики кнез у Златном двору, у хришћанском Кијеву Богу молио, Добриња и Путата обратише Новгород који је држао власт над трговачким путевима и истицао се међу централним и источним насељима Руса, па и она за њим кренуше путем вере Христове.

А кад се окренуше вери у једнога Бога, Новгорођани посташе један од њених најтврђих бедема.

„Кијев, па Новгород, за њима сва земља...", понови Владимир саслушавши гласника војводе Добриње.

Наследни властодржац Владимир Свјатославич сада је владао Кијевом и земљом руском не само по наследном, но и по божанском праву, и све делање његово је било:

„У име Бога".

21.

Отпустио је све робиње наложнице. И својим женама дао је отпуст и саветовао им да не чаме него се преудају и живе по Божјем закону. Рогнед, не залечивши ране временом, и не преболевши одвајање од Владимира, кад је чула да се оженио Гркињом, пређе у хришћанство, постриже се и зареди под именом Анастасија, нашавши утеху у Богу.

Два дана по објављивању њене одлуке о повлачењу из световног живота, слуга Варјашко што се од њеног прогонства држао подаље и склањао од кнеза, појави се пред њим са молбом. Нико његову одлуку са кнегињиним чином није ни помислио да доведе у везу. Као из сна пробуђен, у недоумици је и постиђено протрљао очи крупним шакама, па неочекивано одлучно, распуклим гласом у даху изговорио:

„Нађи ми жену, кнеже. Дај ми неку отпуштену робињу. Мени је свеједно, само нека је здрава. Све се мења, време је да и ја кренем даље... нисам дрво да пустим корење... и да бледим довека пред затвореним вратима, у залудном ишчекивању да кроз њих зрак Сунца падне на мене."

Оженили су га малом Марушком. Кнегиња, кад вест до ње стиже, захвално се прекрсти. Са коначног таса њених дела скинут је мраз једног погледа кога је постала свесна много времена пошто је ишчилео.

Тако је, замонашењем кнегиње Гориславе, уз кнежево допуштење, отпочело оснивање манастира у Кијеву.

Владимир се тешко мирио са појединим поступцима из свог претхришћанског живота, кад је следио похоту тела и очију, а водила га гордост. Новог човека пробуђеног у њему, крштењем од претходних грехова очишћеног, тиштало је кајање.

Бог опрашта покајаноме, али остаје запис у времену утиснут као врело гвожђе у живо месо, и ожиљци сећања...

„Крв је на мојим рукама. Блуд је у моје име делао..."

Бездушност идолопоклонства давала му је моћ да о животу и смрти одлучује. Укинуо је то право кнеза, нечовечним га назвавши.

„Само је Бог властан над животом."

Одбијао је да смрћу казни чак и разбојнике који су се одметали, убијали и пљачкали свештенике.

„Бојим се греха."

Док га нису епископи, а први епископ руске цркве беше Анастасије, Ждберн некадашњи, Корсуњанин назван, уверили да му је Бог дао власт и да помилује и да покара, и да злу на пут стане.

≈

Ново време је постављало нове захтеве. Кијевљани нису увек разумевали кнежеве одлуке, неке су отпором дочекивали.

У Херсонесу, кнез је видео Јеванђеље руским словима написано, и Псалтир. Није успео да сазна име преводиоца, али донео је одлуку.

„Русима требају књиге руским словима писане", рекао је по повратку. „У славу нашег народа – да све што бива буде у књигама записано и потомцима завештано."

Духовне везе, културне и верске, између Кијева и Бугарске, омогућиле су баштињење Кирило-Методијевског наслеђа. У Кијеву је основао школу за дечаке. Оплакивале су мајке синове које су морале да у школу шаљу, очеви су му долазили увређени и забринути са молбама да се окане тог посла.

Високо је седео, на месту предодређеном, и видео је даље од свих. Довео је учитеље, и деца су ишла у школу. Руси, од којих је и пре крштења већина била писмена, укључујући жене и децу, кренули су широким путем просвећења.

≈

Византијска уметност, блистава и раскошна, прожела је сав хришћански свет. Монументално религиозна, била је потпора религији.

Једна од утеха свакодневној муци људској.

Уметник се свакога дана изнова суочава са сопственом пролазношћу, са смртношћу и свеопштим пропадањем. На материји порозној, папиру, платну, у мермеру и дрвету, исписује поруке које су вечности намењене.

Поруке о трајању, о прелазу између светова, о болу, о тајнама које не треба откривати јер дају одговор и самим питањем.

Исписује их својом слутњом, вером, претаче им животност из своје душе. Његов је живот исијавање, све до краја.

Уметник је стуб вере и наде.

Љубав је темељ. И последица.

Слика коју је Владимир пре брака Ани подарио заузимала је почасно место у њиховој ложници. Својим је језиком зборила и имала моћ да га, опхрваног бригама и државним пословима, тајанственим путем поведе у свет боја, а са тог се пута враћао као да се из сна окрепљујућег буди.

Повукао је свесрдно Владимир I, пети Кијевски Велики кнез Рјурикове династије, а први међу њима богоудник, силовито као змај из приче који је оручи бразду око Кијева ватром град омеђио.

Заорао је бразду и семе посејао што ће и хиљаду година после да богат урод даје.

Кротког и смиреноумног кнеза од кога му је свако добро долазило народ је прозвао Јарко Сунце.

Из Златног двора је извирала и ширила се румена светлост Златног доба Кијевске Русије. Кнез Владимир навукао је завесу на Мрачно доба у коме су их дивљим и варварским племеном називали, а њега безродним и робињићем!

22.

Кнегиња Олга молила се усрдно пред ликом Мајке Божје, а Владимир је, гледајући како жена питомих очију и благог лица привија сина на груди, на Малушу мислио.

Јарополк и Олег били су брачни синови, мајку су имали, а он, безродни... Мајка је у његовој машти попут насликане Богородице милином и материнском љубављу зрачила.

Тај лик, који је, кад се одвојио од бабе и њених икона и мајку довео себи, потиснуо из сећања, беше му милији и ближи од Рожденице, богиње словенске од меди и бронзе изливене, са рукама молитвено ка небу подигнутим. Само што то није смео да изусти.

Хришћанин Владимир молио се Богу да опрости племенитој кнегињи што га је од мајчиних груди откинула:

„Док не спозна себе, и Бога пронађе, детету је мајка утеха. Тако је вољом Његовом уређено, и грех је ако се та веза на силу и прерано прекине. Опрости јој, Боже."

Човеку је утеха потребита. У себи је самом, где се вијају греховни са савешћу, жеље са могућностима, страхови са надањима... не проналази. И пружа руке ка горе...

Седео је у Златној палати, у владарској столици својих очева, окружен старим кнежевским и својим новим, златом опшивеним царским одличјем. Било је то нешто о чему се његови преци не би усудили ни да сањају.

Велико је бреме носио и старији је био од својих година. Снага му је била начета болешћу а душа мислима које су га прво унатраг враћале а онда се, за време постојеће у коме је делао, везивале. У будућност би се са стрепњом загледавао. Синови које је у духу Христове љубави саветовао поделивши им кнежевине, непокорно су се владали. Мориле су га бриге.

„Покрвиће се око земље, због пропадљивих ће ствари земаљских и ради власти мач једни на друге, и на мене, оца свога, потегнути.

Нису јаки синови моји у вери. Душу ће изгубити да би злато, земљу, власт задобили... Ако тако мисле они који су од тела мојега, како ће остали народ..."

У земљи се ново са старим косило. Разбојници, видевши хришћанску мекоту и доброту којом влада, осилили су се. Јереси су бујале, волхви су се паганским обредима новој вери опирали, призивањем сила потиснутих и богова прогнаних. Многи су се, чак и на двору, уз новопримљеног Бога, и старим боговима молили.

Владимир је са епископом Анастасијем разговарао о томе како да веру укорени.

„Треба градити још многе храмове, привести народ молитви, правоверју, Речи Божјој, духу скрушености, мира и љубави. Да људи могу да уђу у дом Његов а Господ у сваки дом наш", просудише.

У Новгород је послао епископа Јоакима а у друге је градове разаслао бугарске свештенике или кијевске, епископом Анастасијем постављене.

Ризница је откључана, благо се просипало на Божје храмове: Правоверних Апостола при кнежевом летњем дворцу у Берестову, храм Преображења у Васиљеву, па Новгород, Чернигово...

У Кијеву је започета градња Мајци Божјој посвећене куће, која је требало, по замисли кнежевој, да својом величином надвлада људску сујету и гордост, а каменом поставком надживи векове.

„Узми мајсторе, Комина, и вишгородске и новгородске неимаре, а не одбиј ни херсонеске, цариградске, бугарске... Окупи зидаре, иконописце, сликаре, узми злата колико треба. Сазидај храм Матере Божје, наш, не по византијском, по руском образу.

Камени и вечни, чија ће се слава ширити земљом, и вера Христова. Човек сваки, као и Господ, мајку има. Мајке ће наше своје молитве придружити гласу Мајке Божје што се за нас грешнике моли.

Храм ће сведочити величину и славу праве вере, а из њега ће, кроз красни лик жене, Богоматере, молитвена благодат просијавати."

Црква је израстала под рукама мајстора и градитеља у дивотни храм. Задивљен чудесношћу здања, Владимир је одлучио да десети део свих својих прихода даје том храму.

И црква Успења Богородице би названа црква Десетине.

На самом почетку, кад су темељ ископали, својом је руком бацио у њега три сребрна новчића, искована у радионици на Гори устројеној. До тада, Руси су се служили арапским диргемима и византијским солидима.

Првоизливени новац са својим ликом, један од симбола моћи и процвата државе, уз себе је носио и у темељ га цркви узидао.

И градили су се храмови Божји по свој земљи. Али, најпре и понајвише у Кијеву, онако како је Владимиру прорекао светлоносни лик оне ноћи под Херсонесом.

23.

Вучји Реп уђе са свитком у руци, кораком још гипким, нечујним, са осмехом благог правдања на лицу. Владимир је стајао поред прозора изгледајући дан, усправан, незнатно погнуте главе. Брада, прошарана годинама, падала му је на раздрљена прса. Беше само навукао смарагдни огртач преко кошуље, несвезан и нескопчан. Свитало је тек, и мада је стари пријатељ знајући кнежеве навике ишао на сигурно, а у свако је време био добродошао, било је прерано за послове.

Поздравише се и кнез га позва да заједно доручкују.

„Хвала ти на части, сада и увек, нисам зато дошао. Донео сам ти писмо. Давно је за тебе стигло, још кад се оно из Цариграда вратисмо. Одбегла робиња написала га је док нам браде не беху снегом овејане, а стас годинама притиснут. Требало је да земљу обновимо, опростићеш ми што сам заборавио на твоју Хазарку... Много је прошло од тада. Чини ми се, земља нас полако вуче, кнеже мој... умори се и она од човека, тежак је.

На сигурном је било, и синоћ, тражећи затурени печат, наиђох на њега. Па, ево, макар и сад, твоје је..."

„... *ти си одлучио, ја се повинујем. Нема горе смрти него кад нада умре. Одлазим са раном отвореном, израневереном надом коју сам свакога дана подгревала, да ћеш препознати твоју Пегавицу са којом си се скривао на врху Детинца... никад нас не би нашли, стиснуте једно уз друго и заједништвом утишане док нас глад не натера да сиђемо...*

...Кнеже мој, мој мили, некада, негде у сусрету времена....

Атех."

24.

Хришћанска духовност се црквеним здањима опредмећивала. Мале дрвене богомоље, трошне и брзо временом разједане, подизане су на скровитим и тешко приступачним местима још за време кнегиње Олге.

Ону Светој Софији посвећену, непрестано су дограђивали и око ње радили Никита и жена му. Прозоре и врата бојили су цртежима: црвеним петловима, светим дрветом зелених бреза и враним коњима расплетених грива.

У угловима тролист испод кога је пажљиви гледач назирао трозубац.

Нису дозвољавали да им се ико у посао меша, али је у молитви и покори свако могао да им се придружи. Пазили су да се здање не угаси а његово је трајање овековечено за владавине Владимировог сина Јарослава.

Никитина ћерка је наставила да пева у малој цркви и после упокојења оба родитеља. О њеном се певању причало и то је до кнеза стигло, па је пожелео да и сам чује глас коме се, говорили су, и дрвеће гранама приклањало.

Певала је пред њим. Витице је око главе смотала, и лице, које је песма заносом зарила, открила. За пасом јој је била прикачена црвена наруквица са звончићима, одавно премала за зглоб руке, па је при покретима ситним циликом њено певање пратила.

Певала је дуго, песму коју кнез Јарослав није раније чуо. Милозвучно а вишегласно као да јој хор анђела у грлу пребива. О руском народу и кнежевима, о крсту над руском земљом и храмовима у којима Дух свети обитава. О греховима људским и завештању које се песмом одржава и преноси.

Прочитао је песму умни владар.

И почела је градња Софијског сабора.

Скромну је грађевину заменио велелепни храм, дванаест година устројаван и украшаван. Архитектонска композиција одударала је од византијског обрасца. Према Јарослављевој замисли, црквеним кубетима и куполама представљен је савез словенских народа и осталих племена под влашћу Кијева.

Софија Кијевска прослављала је собом коначну победу над Печенезима.

25.

„Суша. Ваздух је ужегао, сув. Топли и нездрави ветрови дувају.

Оде Сунце за Шекавицу.

Берестово... како се све променило. Колико је жена овде било... нисам их све ни познавао. Смејале су се, певале. Да ли је то био грех?

Сад је тишина. И превише. Земља се уђутала, угасла, сува и жедна, Дњепар се увукао, потамнео.

Мрак је, нико да ватру запали да га разбије. И свећа је ризик. Ужарени ваздух чека варницу да све у пепео претвори.

Самоћа је добра. Али, само Бог има право на самоћу. Он је један, једини. Човек има право на честице усамљености, то је све. Да понекад будеш сам са собом, и са Богом.

Много сам грешио...

Столови су се угибали од изобиља хране и пића, да дружини својој угодим, сребрне сам им кашике дао да се излију. Сиротима сам делио, али, како нахранити сва гладна уста? Не може то човек.

Колико сам патње видео. Смрти у рату, болести у миру. Плитке ране и саме зарастају, дубоке гноје... а рука је човечја недостижна...

Ана је, као и сирота моја мајка, била тако ситна кад су је оправили за погреб, некако се смањила. Да ли се тело скупи кад душа изађе из њега? Епископи кажу да, ако је душа света, и тело које иза ње остане посвећено је, не пропада, не распада се...

Мстислав, назубљен, избраздан у борбама, у миру је отишао...

Олаф лепокоси, друг мој мили из младости, само су ми глас донели о њему, ни опростили се нисмо... Прости, Боже.

Бог је у мудрости својој човеку кратку памет дао. Најзачудније ми је што поред толико смрти нико о својој не мисли, свако живи као да је вечан, и охоло главу диже док га Господ чиме не покара и опомене. Броји пред собом године, и бескрајним му се чине. Човек је највеће чудо Створитељево.

Прешао сам давно половину, мање је времена преда мном него иза мене. Године? Дани? Један је судњи, шта ако је то овај? Толико би ми остало незавршено. Да ли је човек икада спреман да оде? Како да зна да је завршио послове, раздужио дугове, окајао грехове?

Природом је несавршеном и поводљивом биће људско греховима склоно. И док сам млад и осион био, и лажним се боговима молио, туђа ме бољетица дотицала, а сада ме као сопствена косне, запече као лед. И као грехови које собом носим.

Само сам човек.

Колика ћу још искушења морати да савладам, измученог тела, болестан и жељан мира. Зар и на Јарослава, сина својега, да војску крећем, на град руски, на Новгород у коме сам се закнежио. Снегови новгородски... радо би их видео још једном. Да ми је само шака снега у овој лепљивој ноћи. Једна грудва само, да је на чело, на прса прислоним.

Рогнед, Горислава... са месечевим челом и горућим очима. У њима је било море, а пламтеле су огњем. Није желела да ме види на крају. Кажу да је отишла помирена са собом, и са Богом. Да ли се и са мном помирила? Да је знала да је и мени одвајање од ње откинуло нешто у грудима, можда би ми опростила, али, не рекох јој, ни тада, ни икада.

Боље да уђем, нека упале свеће, да одагнам тешке мисли.

Слика. Чудан отисак. Ана и ја на њој, а кад је добих, Ану ни знао нисам. Тај је трговац скривеним знањима располагао. Ево, толике године прођоше, а слика ми једнако доноси утеху. Виси на зиду, претила као облак кад се земљи приближи да се на њу излије. Из ње се точи трајање, непрекидност, мир. Зато сам тражио да је и овде донесу.

Моја Ана. Била је добра кнегиња, урес Златног двора, моја потпора. Борис и Гљеб су најбоље што је иза ње остало, мени и нашем народу.

Свјатополк се већ одметнуо, синови... знао сам да ће се око земље и власти завадити.

Јарослав је мач из корица извукао.

Жена сам имао и превише, многе су ми децу родиле.

Али не она. Не Атех. Греје ме и пече сећање свих ових година. Није жена само опојно пиће, смутно и миришљаво како мишљах у младости. Од пића се до јутра разборавиш, исхлапи из главе, жена је пут мушкарчеве пути, кад уђе у крв кола венама, топи душу. Жена је и снага. Мајка и драгана. А сад ниједна није овде...

Нисам препознао оданост којом ме миловала, ситне пегице на носу, јамицу на образу, смех... А и да јесам... било би исто. Иако и сада осећам укус њених дечјих суза на растанку... Кнез не припада себи. Знала је то и она, зато ми се није казала.

Опрости ми, Боже, хришћанин је бити лако срцу и мило души, али бити кнез хришћански... тегобно је, болно, кидаш од себе оно што је твоје... Ушао сам у праву веру, одрекао се идола, али нисам престао да жртве приносим. Ето, Јарослав је од мог срца и тела, а морам на њега...

Жртва је света реч.

Синова, Богу хвала, имам толико да их једва набројим. Сем Бориса и Гљеба, што су у освећеном браку рођени, сви остали се о кнежевине отимају...

Ћерка моја Престслава живи богоугодно, рађа децу, на рад је приљежна. Жена је дар. Само добро земљи доноси. Па и она свадљива, лоше нарави, нерадна, некако се у ред утера, Бог је уредио да је деца за кућу и мужа привежу. Добро је имати кћери.

И добар је син благослов, он наставља започето. Нека Борис после мене влада, рекао сам бољарима и епископу Анастасију. Мудар је, побожан, честит. Неће олако у рат. Рат је зло. Крв, огањ, страдања. Земља се дроби под копитима док смрт јаше уз бок. Колико сам само ратовао, и под часним очевим, и под својим барјаком... Да ојачам кнежевину, да заштитим народ свој од туђина, да отклоним зло од наших градова. Много година ратовања са Печенезима...

А сад морам на сина. Зашто се он против оца свога подигао? Јарослав, чистог срца, учен, свакој вештини војничкој подобан.

О, Боже! Помози ми.

Гуши ме врелина, горим. Можда и спавам, па ћу се пробудити у Новгороду, снегом окружен. На обали, где трговци зову са свих страна, а море се црни од пловила... брзи стругови, трговачке лађе... Или у Златном двору, у старој кнежевској столици. На коњу, у лову, у боју...

Не могу да устанем, да погледам кроз прозор, да видим где сам. Толика врућина, зној, да ми је снег...

Догорева свећа, капље восак око свећњака, ваљало би је променити... Да некога позовем?

Сутра је Перунов дан. Знам да му се још многи радују и прослављају га. Тешко је и на ново се одело свићи, нову кућу кад саградиш треба времена да се у њој као у својој осетиш. Али, не оставиш је да би се вратио у стару и рушевну. Права је вера ушла Русима у душу, дражи им је добар Бог који је љубав, од дрвених, сурових идола.

Укорењује се, разграњава и разлистава Христова вера, истрајном снагом младог храста.

Ако овога часа одем Богу на истину, мој народ остаје у сигурним рукама, Његовим.

Да ли је то одговор? Да ли је то крај? Или се све наставља...? Семе сам посејао, али, и после најбогатијег урода, ваља поново заорати. Изелица је човек, а што он не потроши, ветрови развеју... Тело је лакше но душу нахранити. Лако је склизнути с пута, и човеку и народу, а кад нога залута, и душа може да заблуди. Помињала је завештање... Она, Атех. Да, завештање је чувар вере.

Уз помоћ Господа правој сам вери свој народ привео, потомцима остаје завештање. Он је тако уредио, увек се нађе неко да настави. Да заоре тамо где сува, спечена земља запрети да се у утрину претвори... Добро је рекла, све се наставља...

Шта год да човек упропасти, рука Божја може да поправи.

Стеже ме, гуши. Није први пут. Дуг сам пут прешао. Не бих могао сам, толико је било странпутица, ко зна у коју бих тмину забасао да ме светлост није водила.

И сада, у овом искушењу, уздам се у Тебе, Господе! Теби служим, нека буде воља Твоја!"

≈

У ноћи, петнаестог јула 1015, црна је тишина завладала над горама кијевским. Птице су замукле. Ветар, летњи и ноћни, што је жегу блажио, уставио се.

Изнад Берестова, изнад кнежевог летњег двора који је последњих месеци у своје стално боравиште претворио, озарило се. Бела светлосна нит која је обасјала Владимира Свјатославича на рођењу, пратила га и водила, спојила је небо и земљу.

Те летње ноћи, украј одшкринутог прозора собе у којој се свећа гасила, распрсла се притајена грудва снега и рој пахуља прхнуо је ка отвореном небу.

Књига

„И снова да саставимо се,
и снова да видимо се,
и снова у Христу да сјединимо се,
самоме том,
коме слава са Оцем
и са Духом Светим
у бескрај на веке,
амин."

(деспот Стефан Лазаревић,
Слово љубве)

расклопљена

Ветрови су са планина околних, са згуснутих масива наносили грађу невидимку, кроз каменоломе мермера, преко насеобина каменорезаца, провлачили је клисуром Ибра и, глачајући бели мермер, у њега је утиснули, помажући градњу манастира повише бистре и хладне Студенице.

Велики жупан Стефан Немања, оснивач најмоћније средњовековне српске државе, отац оца Српске православне цркве, једноверне и једнокрвне са Руском црквом православном, ову своју задужбину посветио је Успењу пресвете Богородице.

Кад је копан темељ за свечану гробну цркву јединствено замишљене целине утврђеног манастирског комплекса, Богородичину, копачи су имали муку са бујним растињем што се преко ноћи обнављало. Како год да посеку, корен покидају и дубоко земљу изрове, ујутру би се ту трава бусенила. Споро су напредовали, али ноћне страже нису вределе, свакога би умор завео и сан преварио, па би зором опет траву чупали.

Једног јутра, таман се радници беху повили над послом, изви се песма. Негде је са узвисине долазио глас женски, као да се из грла анђеоског излива. Све се живо усправи, главе се подигоше, трава се шумором ветра јави, а ситни цилик звончића однекуд је песму пратио.

Кад утихну, вратише се послу, ободрени, разоблачених чела, олакшаних плећа, и не питајући се ко је песму над њима извио. Тога дана у ископини је нађен сребрни новчић, чист и светао као да није из земље него из ковнице дошао, са јасним ликом и знацима уписаним. Старешина над мајсторима Великом жупану га је послао.

И посао крену. Биље се више није јогунило, земља се отварала, камење се из ње само претурало, мермер слагао.

Храм се уздигао.

Ту где је новчић нађен, кад је дошло време, похрањено је мироточиво тело упокојеног владара, а око гроба се дуго појављивала бела светлост.

≈

На обзорју петнаестог века, у доба када је Србија била сигурно уточиште православног хришћанства у Европи, њоме је владао целомудрени деспот Стефан Лазаревић, син кнеза Лазара Хребељановића.

Високи Стеван, витез реда Змаја, учинио је Београд престоницом. У својој свечаној Повељи златним печатом и сликом града урешеној, записао је:

„Нађох најкрасније место од давнина, саздах њега и посветих Пресветој Богородици."

Многе је древне књиге изучио и, светим науком вођен, одлучио да на источној страни Горњег града подигне митрополитску цркву Успенија Пресвете Владичице. На месту благословеном где се простирао богати врт, испуњен сваким насадима.

Трећег дана рада, док су за темељ копали, земља је изнедрила а радник донео деспоту сребрни новчић.

Са једне стране био је урезан лик са владарским венцем на глави, крстом у десној и скиптаром у левој руци, а са друге – три прекрштена копља са натписом: „Володимир на столе, а се его серебро".

У богатој библиотеци ученог деспота Стефана једна је књига нагорелих корица и пожутелих листова заузимала посебно место. Ишчитавао ју је, задивљен благом које су чувале књижне корице оштећеног хрбата. Ко зна кроз шта су све пронеле садржај, али био је неоштећен.

Жудно је деспот читао предање и погледавао на новчић који се сребрним сјајем одазивао. Књига је учила да су три сребрњака на три света места похрањена, у средишту троугла је минђуша, дубоко у земљи заровљена. Једна. Друга одавно светом путује, откако су, још пре првог хришћанског цара Константина, исковане од златног крста који је неки хришћанин дао да откупи живот свога сина. Откуп су узели, сина му нису вратили. Међу запленьеним златом осванулe су једног јутра минђуше, са рубином у средини, и невиним белилом бисера са стране, а да се не зна ко их је исковао. Нестале су, једна за другом, у року од три дана, није се сазнало ко их је узео и никакве оптужбе ни сумњичења нису помогла да се пронађу.

Знак је крста над њима. И једна где се нађе, добро доноси. Усправиће се посустали у вери, уздићи ће се народ.

А кад се рубини из крви праведника источени у пар саставе, дешава се велико Доба Промене.

На молбу деспотову, пристиже једног јутра монах из манастира Студенице и пружи му скромни завежљај.

Два је истоветна сребреника саставио. Трећи за живота свога није нашао нити му је ушао у траг.

А књигу никако да ишчита до краја. Отимала се, како год је читао, на исто се враћао.

Радо је ловио по северним шумама Србије, и у лову га је судба сустигла. На месту званом Главица глава му је клонула, крагуј му са руке није полетео.

Пред сам полазак, усхићен открићем, на задњој корици са унутрашње стране забележио је оно што му се између редова отворило. Да ће се први пут на српској земљи, вишњим наумом вођене минђуше заједно наћи у поноћ, између 9. и 10. јула 1856. године. Тог ће се часа под знаком крста и православља у месту званом Смиљане родити човек са којим ће отпочети и завршити се Доба велике Промене.

Пролазношћу мерено, недуго ће проћи и приближиће се њихов следећи састав.

Пореклом предодређен и обележјем на рамену означен, мушкарац ће, упорним радом, спајајући прошло са садашњим, будуће дозвати.

Прво ће се и трећи кованик врх земље наћи. Онда ће се појавити запис у слици, јер слика ће бити отисак долазећег. Требаће само да се то прочита...

Кроз двоје који као једно делају наум ће се скривени и прадавно завештање остварити.

Није минђушама суђено да једна поред друге горе. Опет ће се раздвојити и самосвојним путевима кроз време следити промисао која их је саздала.

Пожурио је деспот, остала је књига расклопљена, да се мастило осуши. Није се вратио да књигу затвори. Из ње је истекла прича, и примила се.

Књига друга

Србија, доба данашњег.

У трептају времена мину ускипело десетвековје, а шар земаљски још је увек поприште. Мрачно доба повукло се пред надолазећом светлошћу, али није нестало – да би био обасјан, и човек и народ мора се постојано држати светлосне нити.

У Новом времену не утрнуше зла. Нека се притајише, нека плануше, а она што као Добро се представљајући тињају, најопаснија су. Не беше само Мрачно доба преломно, све што наилази искушава... Потреба за тражењем пута Спасења и љубави, непролазна је. Али, њива не рађа ако се увек изнова не засеје.

Све се наставља... За оним који је у Мрачно доба унео светлост остале су искре, варниче у коловрату времена и простора.

И љубав једна, судбинска а недовршена, после десетвековног трагања, остварује се плодоносно кроз кнежево завештање.

У Новом времену, на удаљеном простору клија и ниче семе Добра, трагом родне, крвне линије и волшебних духовних веза. Вођени истом светлосном нити која је на рођењу обасјала лице кнеза Владимира, његови потомци изнова сеју...

Коловрат

Дар живе воде

На једном је брегу кућа Магде траварке. У скуту јој се у свако доба године перушило биље сваковрсно, зналачком руком пробрано. Чак је и зими, трагом кошута и других шумских гладница, брстила суве, лековите травке, презреле под снегом. Мараму је пажљиво везивала око главе и учворавала на затиљку. Очи марамом и челом надсвођене, жар у дну пећине. Речи је затварала иза зубне ограде.

Оба зглавка на рукама била су јој обавијена густим редовима зрнастих, црвених перлица неправилних облика. Поред опојног мириса сувог биља, то је био једини украс њеном ситном, у тамним хаљама заточеном телу. Кажу да је чини метала и знала да рашчини што неко други осенчи, али то нико није могао да потврди. Или није хтео. Они који су ишли код ње потребом, ретко би о томе причали, и то штуро; не ваља се, чини имају моћ само у потаји.

На супротном је брегу, на другој страни села смештеног у котлини, са кућама распоређеним у гроздове, покривеним где црепом а где каменим плочама, сеоско гробље. Окружено камењем, старим и крастaвим, издалека наликује на велики излог. Гледа на село и село на њега. Кад жене наричу, чује их свако живи.

Али, село се због тога не узнемирава.

„Не жали ничију судбину, кажу, свакој си има своје. Кој се не роди, нема ни да умре."

Оно што уноси немир у село, то је Марикина песма.

Одрасла је Марика, ћерка Магдина, а њу и мајку јој ретко су виђали. Марика, ако се и појави, није се чула. Насмеши се, обори очи, не проговара. Ниског раста, танушна, ситнолика, крупноока. Нос мали, а ноздрве су јој подрхтавале кад се узнемири. Пуна, стиснута уста, као да воду држи у њима. Жене су се питале да није мутава на деду. Или само ћутљива на мајку.

Магда је, нарочито после очеве смрти, хтела не хтела, морала повремено да силази у село. Кувала је сапун који је свако платно могао да избели, и справљала најбољи квасац од хмеља, липе и кукурузног брашна, од кога је хлеб нарастао и дуго остајао свеж. Знала је да лечи стоку од уједа змије, а звали су је и кад би нека болест у тор или обор ударила. Увек се одазивала. Заврне рукаве и затражи шта јој треба, обично врућу воду, извади из торбе лековите траве, сукњу преко колена затегне, клекне и прихвати се лечења. А некад само слегне раменима и измакне се:

„Како му Бог досуди. Куде има век, најде се и лек."

Прохтеви су им били скромни па захваљујући њеним знањима и раду ни у чему нису оскудевале.

Селу је добро чинила, а иза леђа су је вештицом називали. Прибојавали је се. Знала је да ни њу ни Марику не гледају баш радо.

Понека би је одрешитија мештанка запитала:

„Мутаво ли ти је оној дете? Само ћути и гледа, да те стра` у`вати!"

Магда сврне поглед, и настоји да што пре оде.

Кад је Марика први пут запевала пред кућом, ка селу окренута, требало је времена да људи разаберу шта се догађа. Јасно се чуло одакле песма долази, али, ко пева?

Деца која су уз брдо ка гласу потрчала и изблиза видела, посведочила су. Певала је Марика. Мутава Марика.

Неку жалоститву песму чије речи нису разумевали.

„Како ли научи? Магда још глас није пуштила да се чује, и на смејање је потешка а камоли на појање?"

„Девојче ситно, малечко, а глас голем, силан."

Варљиво сећање некога од старијих мештана изнедрило је причу да Обрен, Марикин деда, није одувек био мутав, и да је тамо иза планине, у селу где је рођен, био певач на гласу. Док гром није ударио у дрво испод кога се пред облаком заклонио. Да га чобани нису одмах у земљу закопали, тај би му дан био судњи. Овако, разборавио се, али, глас је изгубио, и слух. Избегао је из свог краја, оставивши за собом све осим сећања, и настанио се овде, у њиховом селу. Исте јесени отишао је на вашар да продаје вретена и дрвене кашике. То му је био први одлазак у град.

Вретена је продао, жену довео, и остао у кући на брду.

„Кад је запојала до гробље се чуло!"

„Ако се Обрен од милос` из мртви не дигне!"

Мало прође, а Марика запева. Однекуд је знала много песама, али све су биле тужне па се чинило да је увек певала једну те исту.

Пронела се реч да то њено певање и тај глас који потресе свакога ко слуша, наводи зло на село. Запева, а глас јој се преко кућа, све до гробља прелије. Почели су људи да се жале како им долазе у сан покојници, који, ето, ни на гробљу мира немају. Могли би да крену селу да чине штету.

Реч се калемила на невољу. Цркне коме шта од живине, одмах:

„Ето, то је."

Умре неко од старости, дошло му време, кажу: „Није Марика џабе певала."

Ако град удари, опет: „Марика."

Па кад би запевала, свако би се, и младо и старо, са стрепњом освртало према њиховој кући. Понеко би се прекрстио.

„Тамо те, сотоно! На чију ли главу поједеш?"

У пролеће је почела да пева, први пут уочи Ђурђевдана, а до јесени је поприличан зулум на њену душу сваљен.

Па су се неке жене одважиле.

„Магдооо! Оооj, Магдооо!" почеле су још из даљине да је дозивају, пењући се уз брдо.

„Оооj!" јавила се она из куће, а већ се освртала да понесе торбу са лековитим биљем. Дуго је нису звали да некоме помогне.

„Ајд` овам` на једну реч!"

Пришла је, а оне су, млатарајући рукама и једна другу прекидајући, крстећи се и хукћући, затражиле од ње да ћерки забрани да пева.

„Да се ућути! Да село не затира... Нека ти је жива и здрава, ама да не поје!"

Магда није уста отворила. Сачекала је да бујица протутњи, и спорим, отежалим кораком, ушла у кућу. Полако је повукла за собом тешка дрвена врата, затворила их нечујно.

Марика није више певала. Дани су пролазили у миру.

Не прође дуго, удари куга међу Дукине голубове, поцркаше све лепши од лепшега. Дукатин, страствени голубар, јединац коме су родитељи све дозвољавали, па и да се замајава док они раде, само је гризао усне и модрео у лицу. Ожиљак изнад леве обрве што га је у неком дечјем несташлуку спечалио, урезао се дубље и пожутео дошавши као ујед месеца, а из њега се бледило ширило. Укућани су се забринули. Мајка га је разговарала.

„Немој, синко, тол`ко да мукујеш. Има да окречимо, да пречистимо пипку, па ће да запатиш још поубави голуби."

Од понедељка до петка остало му је неколико крилаша, а и они су куњали.

У суботу преподне, из куће на брду рески је врисак запарао још неодмакло јутро.

Магда је након јаука у коме је први налет бола и беса источила, почела да куне. Две младе жене што су случајем и својим послом ту пролазиле, журно су измакле притиснувши уши длановима.

У кући, Марика је погнуте главе стајала пред мајком.

По навици је, и тог јутра, чим је устала, отишла на мали извор. Био им је ближи од оног великог са кога је цело село точило, а и вода је била слађа. Задржала се дуже но обично, а вратила се носећи у рукама прамење косе уместо крчага са водом. Одрезана мртва влас преливала се рујним одсјајем јесење траве у смирај дана.

Њиме је сузе отирала.

Марама од танког платна копрививом водом обојеног, густим жутим везом обрађена, пала јој је на рамена и оголила главу са грубо и невешто ошишаном косом.

На прозору два голуба су се љубила. Реповима су, кратким и брзим замасима ударали у окно. Лепет је зауставио Магдине клетве. Отргнута, тренутном спознајом изоштреним гледом, који је иза маглина прошлих допирао, зурила је у птице.

„Дукини су", изусти прозуклим гласом.

Беживотним праменом што га је као нешто туђе држала у руци Марика махну ка прозору, да их отера.

Магда је ухвати за руку.

„Немој. Нека гучу."

Смакну мараму са девојчиних рамена, рашири је на дрвени под, сакупи у њу косу и завеза крајеве унакрст. Устаде, помилова ћерку по глави, завежљај спусти у тврди дрвени сандук чији поклопац с напором подиже, па из фиоке на креденцу узе маказе. Да поправи шта може.

Један прамен косе Марика је кришом гурнула у рукав па под јастук сакрила.

Није више носила мараму. Ишла је уздигнуте главе, а кратка јој је коса пламтела. Некако је одједном у висину порасла. Очи су јој дошле још веће, уста пунија.

И поново је певала.

А тога дана, до вечери, преостали Дукини голубови, полетни као да никада нису ни закуњали, уселили су се на њихов таван.

Нису то птице злогуке. Чак би се рекло да између себе увек нешто мило гргоре. Таван су, али и целу кућу запосели, па их је Магда не једном ишнула и потерала. Одасвуд су се чули. Било је и дана да се све стиша, па нигде живог пилета; прхну у зору сви у један мах, и тек се сутрадан, у исто време, зачује гукање са тавана, уз прозор, са дрвљаника, па и са старих, око куће побођених и трулежом нагризених тараба.

Кад би се Марика затекла у дворишту, врзмали су се око ње, испрва поиздаље, а за који дан су јој и на руке слетали. Нешто су ћућорили, а она је пажљиво слушала. Магда је мало негодовала на то њено домуњђавање са птицама, па је престала.

А Дукатин је повио рамена, руке једну другом стегао, поглед за њих везао. Мердевине са спољног зида куће, што су до кавеза водиле, скратио је на дрвљанику у танке дужице, суве и згодне за потпалу.

≈

Папрат цвате једном на годину, у Ивањској ноћи. До зоре се цвет развије, отвори, прецвета и нестане. Ко се ту задеси и цвет убере, немушти језик добије на дар. Па разуме збор свега што се гласи.

Није се Марика освртала на ово причање и народно веровање. Како су она и мајка јој живеле одвојене од села, многи је празник прошао а да ни знале нису. Па и Ивањдан. Дани се сустижу и претичу, најчешће толико налик један другоме да је тешко празник препознати, ако се дан унапред њиме не именује.

Онако ошишана, у муци, није до вечери приметила да је негде изгубила шарену ниску с врата. Пред зору је поранила да је потражи. Мајка је само нешто снено промрмљала кад је Марика још по мраку изашла из куће, и промешкољила се.

На по пута, у журби јој спадне папуча. Она се поврати, навуче је и пожури да је на студенцу не претекну. Мало је ко из села са тог коловрата воду носио али се прибојавала. Нашла је ниску уз саму воду, горели су шарени каменчићи у трави, да је ко наишао, не би је омашио.

Подиже је хитрим покретом и прикопча око врата, уз уздах олакшања.

Жива се вода даровима радује. Сву је тескобу низ воду пустила са оним праменом косе што га је од мајке сакрила.

Свањивало је. Ноге су јој биле лагане, понео ју је мирис Ивањског јутра, иако није знала да је дан свечарски. Није осећала ни цвет који јој је упао у папучу кад јој је спала са ноге.

Цвет папрати којим јој је извор дар узвратио.

Гром

Песмом је могао да устави ветар. Ловци и други шумски ходачи, заклели би се да звериње не лови нити пасе док Обрен пева. Свако би застао, у каквом год послу или великој журби да је, и слушао. Девојке су руке скрштале на грудима да немир прикрију.

Понео се Обрен. Сваког се посла мануо, само је лутао и певао. Чије је год срце дотакао, тај би га даривао, па му ничега није мањкало. Охоло је примао уздарје за своју песму, бирајући шта ће. Носио је најлепше везене чарапе, небојене, од фине вуне, марљивом руком исткан прслук, из нечијег даровног ковчега извађен пре рока. Кошуља је имао хрпу. Стасит и изгледан, свестан да га женске очи смотре из прикрајка, ширио би плећа и подизао обрве не трудећи се да прикрије осмех.

Осилио се.

Био је надарен гласом, а сваки дар човек може и на добро и на зло да оврати. Увидео је да има моћ, али не и да је моћ господар своме власнику.

Завео је јединицу, из куће удовичке, самохране. Мамио ју је док није пошла у шуму за његовим гласом, одричући се свега за собом.

Пролеће је било.

Обрен је целог лета друге миловао, не хајући што она носи живот под срцем. Све је имао и све је могао.

У јесен, нашли су је подно Девојачког скока.

Ко дигне руку на себе, велики грех почини. Ако га је ко на то наводио, грех пада и на њега, па му је, на овом и на оном свету иста покора као човеку који убије.

У првој отада, а завршној олуји те јесени, Обрена је гром међу дрвећем пронашао. Да не би одоцнелих чобана које је претећи облак задржао на повратку у село, ту би скончао. Овако, земља у коју су га закопали, одржала је живот у њему. Али је без гласа остао.

Запутио се преко планине и никоме се не казујући ко је и одакле је, настанио се у првом селу које га је застало. У селу које се већ било одбожило и од цркве отпадило. Прекрстили би се понекад, углавном жене, свикнуто, и не мислећи о томе што раде. Цркву су запустили, зидови су јој у коров зарасли а натрули кров није био препрека кишама и сневовима. Поиздаље су је заобилазили, зими због снега неутабаног и непрохода око ње, лети прибојавајући се змија што су се сунчале у дворишту, лењо се протезале изазивајући да се крочи на место које су присвојиле.

Живели су безбожно, зазивајући разне силе кад их тегобе притисну.

Обрен, својих разлога и покоре ради, пролазећи крај цркве, негледане и опале, увек би се прекрстио.

Стара реч каже: да би се човек прекрстио, треба да загрми.

Изучио је био вретенарски занат уз оца, па се сад такав, осакаћеног гласа, хранио својим радом.

Причињавало се људима да из његове куће ноћни спокој ремети песма. Тиха, заводљива. Он је скретао у страну и грлено мумлао одмахујући главом. Жена му је била повучена, ни са ким се није дружила, а на питање ко то ноћу код њих пева, љутнула би се. Нека се неком другом подсмевају, одбрусила би, доста јој је њене муке.

Ипак, откако су трговци свашатари донели причу у село, остала је сумња да ли је он истински без гласа или се ноћна песма у грлу његовом таји.

Умро је а да нису дознали. С годинама, све је ређе бивало да неко ноћу чује тајновиту арију па су мештани, другим, новим траговима забављени, на то и заборавили.

Обрену се родила кћи, Магда, и више му се нису деца рађала. Магда је родила Марику, и за свога века није рекла икоме ко је отац дететов. Магдина је мајка тада већ лежала на сеоском гробљу. Обрен је поживео довољно да чује унукин плач, и смех, и говор. Чуо ју је и кад је први пут запевала, и задрхтао.

Следећег дана је донео голубицу из шуме, белу, младу, још нејаких крила, испалу из гнезда. Ставио је птицу унучици у руке, меко, као да је у гнездо враћа.

Обрена није било већ годинама, а Марика се нејасно сећала како је једном имала у рукама полетарца који се неочекивано винуо чим је она отворила дланове. Није умела да рукама направи кавез. Сећала се и да је плакала за њим, онако дечје: неутешно, кратко.

Камено обележје

На изласку из села, где стрма узбрдица изводи ка виноградима, стоји крајпуташ, разједен и храпав, сав обрастао маховином, и травом при дну. Нешто је било на њему урезано, име, слике, ко зна... О томе нагађају најстарији мештани, а приче им се не слажу. Кад човек убије човека, кажу, све грехе његове на душу узима. Јер му ускрати могућност да се покаје. Па окајава уместо њега, а не може да окаје. Ако га и не мучи савест, муче га туђи грехови које на онај свет понесе.

Шта год да је било, заборавом је и временом поравнано.

Тај су стари камен пролазници одреда китили цвећем, воћем, колачима, и разном храном коју су после сеоски пси по путу развлачили; неко би, патњом свијен, остављао и вредније ствари... Знали су да ће то да ту омркне а не освaне, али, нека, ваља се... Откако јој је цвет папрати за стопало запао, и Марика је, као по наговору, прошавши ту, увек нешто остављала. Јабуку, цвеће, комад хлеба, оно што наменски понесе од куће или јој се успут затекне у руци.

Негде пред јесен, у великом летњем невремену које је цео крај захватило, гром је заобишао високо дрвеће и ударио баш у стари крајпуташ. Није га ни помакао из места.

Невреме је протутњало а на опрљеном споменику стајала је целог дана бела голубица. Прхнула би кад ко приђе да се ишчуђава над послом руке небеске што је муњом гађала камено обележје сакривено међу дрвећем.

Чим пролазник измакне, враћала се.

Нестала је с првим мраком, али виђали су је и касније, запрети ли небо облаком и тучом, како стоји мирно, или полураширених крила, као да камен грли.

Или да стражу чува.

Наговор жеље

Шкрипа кочница тржеје, тик иза ње запршташе гуме у наглом заустављу. Возач принудно и непрописно паркираног аутомобила одшкринуо је стакло и галамио на њу; она се извињавајући смешила, слегала раменима и журила да се уклони. Кроз његову је љутњу страх просијавао. Крива је. Није обратила пажњу на семафор, прешла је на црвено...

Кад год би искорачила из свог мрачног дворишног улаза, заклоњеног црним овешталим пањем и обраслим жбуњем, требало јој је неколико тренутака да привикне очи на светлост. Голупче је скакутало пред њеним ногама, клецаво, играјући се, мамећи је. Сукобила је жмиркање са белином дана и умало да га нагази. Младарац, још неук у летењу, помислила је. Паде јој на ум да га ухвати и понесе кући. Није знала шта би с њим, али жеља ју је подстакла уверљивим наговором.

„Смислићу нешто, само док га ухватим...“

Надражујуће мигољење под кожом дланова прелазило је у неиздрж, имала је потребу да их склопи... као да је птица нетом излетела из њених руку. Однекуд јој се враћао додир перја и паперја, пресвлака испод које дамара крхки живот. Некада је, у сну можда, око птића склопила кавез својих прстију, па је у њима остало сећање.

Прхне, полети, а она поводећи се за његовом кретњом, закорачи на црвено.

Возач је био нарогушен, модре су му очи варничиле, потамнеле од љутње, али одмах је закључила да је привлачан. Широких рамена и немарно откопчане кошуље, раскуштране плаве косе. Био је сам у колима.

„Требало је да га позовем на кафу да се извиним, уплашио се. Ко зна... Мало сутра! Немам ја петље да тако стартујем човека. И касно сам се сетила, већ је отишао."

Утисну ову неизговорену мисао у процеп давнашњег уверења да ће јој оно што је њено само доћи. Али, мисао се ускописти и настави да је жуља, невешто уденута у старе и обајатиле одлуке које је, бар до тада, нису усрећиле.

Птић се споро гегао на другој страни улице; чим је прешла, поново је скакутао око ње, дозивао је сваким прхом и поскоком.

Полако скину танку јакну од џинса, па стаде и примири се, пусти да јој се приближи. Брзо набаци јакну на њега, изблиза и лагано, да га не повреди.

Чучну, пређе левом руком преко избочина на тканини да нађе птицу, а десну подвуче испод да је прихвати. Не могавши да је напипа, полако подиже јакну са стране, притиснувши други крај.

Љутито протресе јакну. Некако јој је измакао.

„Ал` се глупирам!", промрсила је.

Руке су јој биле прашњаве, а осећај празнине и губитка приближио их је и саставио јој дланове тражењем. Наљути је узалудност тог геста, лупи их једну о другу па поче да отреса колена.

„Баш сам се удесила! Ово се само размазује, нема шансе да се очисти!"

Држећи јакну испред себе да сакрије прљава колена, хтеде да пође даље, али пут јој беше препречио високи мушкарац. Извирујући преко јакне, доле, ка замусаном резултату хватања трапавог летача, замало не удари у њега. Уместо да га махинално заобиђе, што би иначе урадила, застаде и подиже главу.

Испред ње је, смешкајући се подругљиво, стајао онај возач.

Обема рукама, направивши својим великим шакама кавез, држао је голупче.

Вршком крила

Није се ни померила док је он, смисленим покретима и као да се све подразумева, подвукао руке испод њене широке мајице да смести голуба. Неизбежност догађајућег приковала ју је у месту, сапела јој и оне ситне одбрамбене кретње које долазе из закутака подсвести. Сакупио је крајеве мајице и са наглашено брижним изразом лица, видљиво се трудећи да се уздржи од осмеха, гурнуо јој их у фармерке. Да птиче не испадне. А оно се стисло у мраку, прибило уз њу, и само је убрзаним дрхтајима срца и голицавим перјаним додиром одавало присутност.

Кренуо је да оде, мирним кораком недужног.

„Хеј!" позвала је.

Застаде. Осмех, сада без подсмеха, мрешкао му се у углу усана, око очију. Пружио јој је руку, она је прихвати.

Кратко се руковао, истовремено јој левом руком прешавши преко подлактице, драшкаво, као вршком крила. Најежила се од надолазеће милине и одмах обуздала мисленим самопрекором.

„Пази, он се милује. Како сме да мази непознату жену? Или му ја личим на лак плен? Шта да...?"

Птиче мрдну, она се трже и тек тада повуче руку.

„Видимо се!" рече он, с лежерношћу која је наводила да је све што се међу њима у тих неколико минута догодило, било по прећутном договору.

Док је потврдно махнула главом, већ је отишао. Уобичајени звукови, градска бука и врева вратише се, тргоше је из замамне омаглице. Преплави је љутња. На њега, и на себе што је била тако сплетена. Дан јој је постављао замке, а она је спремно упадала у њих. При том, као да су јој уста закатанчена.

Наљутило је и оно његово „видимо се". Ни бројеве телефона нису разменили. Требало је да га задржи, прекоревала је себе, да нешто предузме, пустила га је да оде као да такви Викинзи расту на дрвећу!

Птиче се одједном узнемири, и батргајући се у напору да се ослободи, овлаш јој загребе кожу. Она се уплаши да га не удави.

„Онај бели медвед ме упојасио као војника за смотру, нема ваздуха!" просину јој.

Довољно је било да извуче мајицу па да жутокљунац, док је она пазила да га нехотице не пригњечи, успаничено залепрша крилима и побегне. Поучена искуством од малочас, није ни помислила да га јури. А и шта би с њим, запитала се, и шта јој је то требало... док је празним шакама притискала место на слабини где је био шћућурен...

Сабравши оно што се десило у тих неколико минута, дође јој да се себи самој насмеје.

„Е, данас ми је баш све измакло!"

Заглади руком косу, пребаци јакну преко рамена и отресе мајицу да је исправи. Испод ње је вирио врх белог пера које није успела да отресе, а није га ни видела.

Кључ за слику

„Не знам шта ми је било. А он, молим те... Како га само ухвати? И шта ли мисли о мени?! `Видимо се!` Ха, у неком другом животу, вероватно!"

„`Ајде, шта си се наложила на тог типа, ко зна какав је, и не познајеш га. Оно, морам да признам да си испала смотана, али сад шта је ту је!"

„Моја баба је сишла с планине, голубицом вођена каже, и више се у село није вратила. И онда онај голуб! Те њене приче су ме смутиле да се прошле недеље онако избламирам!"

„Пусти, иди види ко звони. Немој да почнеш да умишљаш глупости!"

Одмах је видела да је то слика. Уролана, замотана у новински папир. Није се ништа паметније понела него оног дана на улици. Пришао је, ставио јој слику у руке, прешао преко њених надланица лаганим додиром који није престајала да осећа дуго пошто је трепнуо на поздрав и отишао.

Однела ју је у другу собу, неотворену, ни сама не знајући зашто, ставила у орман и двоструко окренула жути кључић украсне бравице.

Другарица је мало негодовала на то сакривање, па је отишла.

Извадила је слику чим је остала сама.

Експлозија боја. Струјале су јој кожом. Златаста светлост се разлила, боје су је обавиле и не могавши да им се отме, стапала се са сликом.

Дрхтала је од силине доживљаја.

На усне јој навре бајалица коју је од бабе научила. Мрмљала је склопљених капака речи чији појединачни смисао није разумевала. Није јој било јасно шта се дешава.

„Није важно, само нека прође".

Али, чим је отворила очи, ушла је у свет златоврхих кула, кнежева и бољара. Била је ту и једна жена, изгледом и одећом кнегиња, са бисерном дијадемом на глави. Руку, са које је висила сребрна тканина широког рукава, пружала је ка крупном мушкарцу господског држања, одевеном у бело. Око врата јој је био крст, мали, златни, на кратком ланчићу, уз само грло.

Да, жену је одмах препознала. Колико год да је била осупнута изненадном појавом сликаревом (сад је била уверена да је сликар), и уздрмана сензацијама које је слика у њој изазивала, сопствени лик није могла да не препозна.

„Нисам никад имала крстић... ни дрвен ни златан... и откуд то..."

≈

Окачила је слику на зид, скинувши неуверљиви акварел који је прошлог лета донела са мора. Разливена плава мрља на њему и нешто жућкасто, ваљда песак, подсећали су је на опуштено летовање, најлагодније кога се сећала, па је тај покушај уметничког стварања који је, уосталом, платила симболично, држала на зиду за успомену.

Отишао је под дрвени кревет, са довољно високим ногарима да испод њега склања сувишне ситнице, што је била прва степеница на путу коначног избацивања из стана.

Слика је намах овладала простором, испунила собу.

„Да, буљим у њу као зачарана. Ма, није то, није он у питању. Нешто је у тој слици. А он? Чудан је. Што не значи да га не бих радо држала који дан, хммм, који месец рецимо, у кућном притвору. Заслужио је, видиш шта ми ради! Ало, хеј, све си ти то лепо скоцкала. Донео ми је слику да се извини? Мислиш зато што сам му замало подлетела под точкове, ни кривом ни дужном, или што сам испала смешна с оном птицом? Што би се он извињавао? Ако се набацује, ако нешто хоће, што нестаје као Мандрак мађионичар?

Шта ако се више и не јави?

Па, ништа, поново ћу да појурим неког голуба.

Сврати ти с посла до мене па ћемо све полако да претресемо. И да смислимо шта ћу ако се појави, видиш да је непредвидив, а не бих да редовно испадам будала пред њим. Хоћеш? Видимо се!"

Као да је собу у ту раскошну слику а не слику у собу унела. Све је било другачије. Соба је дошла пространија, у бело окречени зидови размакли су се. Ствари се окружиле сенкама, а светлост је титрала над њима. Некако је све оживело.

Она је била другачија.

Прешла је руком преко ситних слова у десном углу. Нежно, као да њега додирује.

„Шта ми ради тај човек!"

Испод потписа било је још нешто дописано, доцртано. Датум? Загледа пажљивије. Не, пре је личило на трозубац, онај чаробни из филма о Малој сирени, помисли.

Отров у лице

Од оног ивањског јутра, Марика је више ћутала но што је зборила, а очи је сакривала сенком трепавица. Све је чешће у шуми боравила. Почела је са својих усамљеничких излета да доноси мајци ствари необичне вредности и лепоте. Масивну патинирану бакарну огрлицу, минуциозно изгравирану; златник који је блистао и неочишћен, а угланцан испунио је собу млечном светлошћу фењера; неначету чашу од плавог стакла, блатњаву, из земног талога извађену.

Магда је данима ћерку пред озбиљна питања постављала, сумњичаво је загледала кад дође из шуме, али, одговор није добила. Дубоко у себи веровала је у њено поштење, и спокојно је бистру воду планинску у порцеланску чинију наточила, па траву нелажимку и конац од сукње Марикине у њу потопила. Вода је остала незамућена и она је задовољно одахнула. Није знала шта се догађа са Мариком, али, да се неко зло спремало, у води би се показало. Престала је да запиткује.

„Жени се Дука Азар!"
Од старине су их звали Азари, целу фамилију. Како се и кад то име уз њих прилепило, нико се

више није питао. Није се знало ни одакле су тачно дошли, генерацијама уназад. Али, и они су се, као и цело село, одбожили, па није ни било важно коме су се богу њихови преци молили, нити је коме сметало што у православну цркву не иду, та онако рушну и запуштену цело је село заобилази.

А сви су се у селу, па и Азари, Србима називали.

Сутра му доводе жену.

Кад се чуло да се Дукатин жени, Марика је још једном запевала.

Над селом се извио глас, чист, јасан, дубок, као да јој се устава у грлу отворила па се провалио. Жене су се стегле, у послу застале, понека и заплакала, а да не зна зашто.

Следећег јутра је Марика отишла.

Рано је устала, пре сунца воду донела, па села на праг да јутро поздрави.

И, као да се наједном досетила, ушла је хитро у кућу, спремила омањи бошчалук, изненађену Магду три пута у образ и једном у руку пољубила и, док се мајка снашла, већ је грабила путем ка шуми.

Да је Магда знала шта је у завежљају, чудом би се и неверицом чудила. Или би се у страху прекрстила. У марами изношеној ниска дуката. У старој, окрпљеној вуненој чарапи три бисерне огрлице. У малој, дрвеној, сребром опточеној кутијици, бурме и прстење; црвена огрлица, дечја, са ситним златним звончићима; и минђуша са црвеним каменом у средини и два бисера са стране, од које се није одвајала. Пронашла ју је једне ноћи у корену храста, недалеко од старог крајпуташа. Дар Ивањске ноћи.

Откако је у роду са птицама и зверињем, и говор њихов разуме, лако је могла Марика благо да пронађе, кад бледим сјајем кроза земљу и ноћ затрепери. Узела је само оно за шта је знала да је по неком праву, ко зна откада, њено. А то је било довољно да ни од кога милостињу не затражи док год се не снађе у каквом послу или уз честитог мужа. На ову је потоњу мисао, причињену, са стране дошапнуту гугутањем, набрала чело и смркнула се. Рана је скорашња, није јој било до таквих мисли.

Један је златник, са ниске откинут, оставила на камену. Знала је да ће ту потрајати до првог ко се намери. Нека иде ономе коме је Бог наменио, помислила је. Њено је да дâ.

Још је мало утапкала ногама ноћас раскопану земљу око старог камена, да рупу затрпа. Одатле су били златници које је понела.

Не би јој ни мајка, која је у поседу разних познања била, поверовала да је дар немуштог језика добила, а где би ко други, па је реч под језик сакрила. И сама је сумњала да то што благо налази, долази од прозорљивих очију које им се преносе по женској линији, и питала се да ли то што чује и разуме говор који није човечји, из њене усамљености и бујне маште навире.

Али, ево и сада, пред њом је, на дохват а измичући се, летела облотела голубица меког гргута и питомих кретњи. Застајала је, слетала на ониже гране, огледала се.

Пут јој показивала.

≈

Дукатин је седео пред кућом и вешто резбарио комад дрвета. Погнуо се, савио над радом. Коса му је падала на очи а он би је отпухнуо, да из руку дрво ни на трен не испусти. Шишао се само кад баш мора, да не зарасте попут пустињака. Да је могао, после оног давног, кобног јутра, не би никада, ни свој ни туђи прамен косе засекао.

А тада, поред извора, само је за један прамен косе замолио, да њиме окади голубарник не би ли му се вратиле птице. Охоло је одбила, нагазила где највише боли, подругљиво и бездушно.

„Моју косу? Због тебе? Никада. Азар! Ни порекло вам се не зна, безроднима! Која ли ће јадна за тебе да пође!"

Окренула се од њега. Превабила му је јато и још му се подсмевала. Сами су избегли пред помором, рекла је, из кужне куће.

Отуђила се, а толико су се пута баш ту налазили, у праскозорја, док село још спава.

Он једини у селу није знао да му његови женидбу уговарају. Она је чула. Отров му је уместо суза у лице бацила. На крв му и порекло ударила. И ето...

Умео је да дрвету dâ облик какав пожели, стваран, животни. Јесење сунце му је грејало леђа, меко и благо, али упорно. Упекло је па је устао и сео у хлад под стрехом. Пут му је била бела и осетљива, као и његовој мајци. На десном рамену имао је белег, печат прошлог и будућег на који се генерацијама чекало, рекао му је отац чим је до питања дорастао. Али, није знао да му објасни шта то значи и чиме га обавезује.

Дрво је попримало линије коња, а јунак на њему је у замаху руке раширио. Дешавало се да почне једно а дрво га повуче на сасвим другу страну. Ево, јутрос је хтео да извaja пса у лову, врторепог, са подигнутим ушима, кад нањуши траг дивљачи. Почео је да ради па је, приморан, променио првобитну замисао. Видео је одмах да је то дрво дивље и самовољно, ипак, није очекивао да се толико отме. Нека буде коњ у скоку, јахач у полету!

Са узбуђењем је гладио, дељао, стругао и дувао струготину, уживајући у глаткој сржи дрвета под прстима. Поглед му је ухватила сенка коју је фигура у настајању бацала. Сунце се померило па му је падало на руке, а од њих се сенка тлом прострла. Оно што му је у рукама било дрво, по земљи се живо мигољило, што је био коњ, издужило се у змијско тело, а што је јахач било, у крила се, змајевском опном спојена, уобличило. Крила слична тамној мрљи на његовом рамену.

Занео се, и безмало је успео да заборави. То, да је Марика јутрос отишла из села, да њему доводе невесту, а да га онај један прамен косе Марикине, што га сваке ноћи пече жеравицом, и то тамо где је веровао да га, дубоко под јастук завучен, не може да досегне. Негде око срца.

≈

Само је мутним сутоном, и јасном зором, говор нечовечји разабирала. Како су се сени дужиле, кораци су јој бивали краћи, и бржи. И у ноћима младог месеца птице су јој на раме слетале а звериње јој се уз ноге привијало.

Месец се, оштар и млад, издигао изнад шуме. Осврнула се уназад, на затамњеност која се за њом вукла и њених се стопа држала.

Истог је часа знала да је погрешила што се за месечевом сенком повела. Не гледа се уназад да се пут не затвори. Требало је да шаље намере испред себе, да јој проход крче.

Добро иде различитим путевима, али увек негде води. Зло је сврха самом себи. И једно и друго теже да се умноже и превладају, с тим што зло може да се храни добрим и од тога јаче бива, обрнуто никада.

Стегла је шаке, прсте зарила у дланове, и пожурила ка одредишту. Вођена једва чујним шапатом није знала где тачно иде, хитала је да предухитри поноћ која утиша све у шуми. Шапат ће престати, остаће сама.

Утаман је очима топила таму која се згушњавала, не би ли спазила окретну белу пратиљу. Није је било, повукла се пред наговештајем ноћног смираја.

Угледала је колибу на ивици шуме, без дима, без пса који би боравак нечији наговестио, и одахнула. То је било преноћиште ка коме је хитала.

Тролист

Хладна сен под груди јој се свила чим је прешла праг. Пространа соба, скоро без намештаја. Земљани под, на средини огњиште. Изнад њега вериге, на њима окачен котлић, поцрнео, празан. Са стране наслагана дрва. Неко је још недавно ту боравио.

Нашла је унутра све што треба, али, нејасна претња је лелујала око ње и испуњавала је нелагодом. Смрзлим је рукама ватру уждила и близу ватре себи лежај оправила не хтевши да легне на туђи одар у углу, са вуненим прекривачем у бојама земље.

Није знала шта би. Да иде даље не може, ноћ ће, а овде је нешто опомињало. Претња коју је предосећала могла је испред ње, са предстојећег пута да долази. Ноћ није савезник путницима, посебно оној која сама иде шумом. Још се обазрела за сенком месечевом, а то није добру водило. Одлучила је да остане.

Намакла је резу а она је јауком неподмазаног гвожђа зашкрипала. Са гомиле наслагане поред огњишта узела је једно повеће дрво, подуприла врата, и спремила се да заноћи. Склупчала се уз огањ који је тињао. Намерно га је пригушила сировом цепаницом спорогорућом, да се током ноћи не угаси, и обавила се својим огртачем, великим шалом што га је мајка прошле зиме иштрикала, зеленијим од младе траве испред куће у рано пролеће. То је мало загреја и успокоји.

Марика одлучи да у зору потражи у шуми светлуцаве капи живе воде вилинске. Таложи се у удубљењу листа испод трокраког дрвета, листа који из самог корена избија и сунца не види. Те прозирне капи, сузе вилинске, биле су лековите; сваку су муку душевну могле да исперу ако се низ трепавице девојачке пропусте. Најтеже је било наћи их и препознати, али њој неће бити први пут да по шуми препасти знане и незнане тражи.

Кап једну да нађе, отерала би сен што се у њој настанила.

Сан је почео да је заноси. Ватра запуцкета и распламса се, као да је ноћ из пуних плућа дунула ветар у њу. Све је било затворено, ветра ниоткуда, и Марика помисли како је дрво које је сировим сматрала само споља влажно, а изнутра суво и хрскаво па ватру потпирује. Устаде да пригуши пламен дебљом цепаницом, али како је извуче из гомиле, дрва се обрушише.

Сањива још, трзну се да јој на ноге не налегну. Ватра је пламсала. Сенке су живо заиграле. Расањена и хитра, и не помишљајући више на сан, чучну и поче да слаже дрва.

Право испред ње беласао се зид. Учини јој се да је на зиду нешто нацртано, угљеном, помисли одмах, јер је знак био таман и јасан. Трозубац. Мали, не дужи од њеног испруженог длана, пажљиво уобличен, губио се и поново појављивао међу сенкама што су се преплитале на зиду. Негде га је већ видела, нејасно се у њој издвајало сећање. Гледала је како се зупци трозупца заобљују у овални облик тролиста, образа тролисне детелине.

Протрља очи, па обори поглед избегавши и зид и шаре на њему. Дохвати шал који јој беше спао.

Огртач и близина ватре не помогоше. Зимљиво се стресе.

Остала је будна до јутра. Варао ју је полусан, накратко, трептајима. Пред њом су промицале сени, и она се отимала да танком назовисну под власт не падне. Чим је зазорило, изашла је, са олакшањем. Уместо да путем настави који је ка насељу водио, крену беспутицом у шуму.

Да потражи вилинску воду.

Ни птичји пој, ни дах ветра, ни шум лишћа није се чуо.

Гора је била утишана, Марика сама.

Лако је нашла трокрако дрво, али било је младо, а лист који сакупља сузе вилинске само у корену седмогодишњег дрвета може да никне.

Није нашла вилинску водицу. Оптерећена ноћним преплетима знакова и хладноћом које није могла да се отресе, ходала је спорије, теже.

Утом је и Сунце гранули, па се истим путем вратила назад.

≈

Надала се да још тињају угарци, то ће бити довољно да се печурке које је носила у торби зажаре. Нигде не жури, шума је хладовита, неће јој ни подневно сунце пут запречити, а до поднева је било далеко.

Уши јој је парала тишина која је шумом владала. Никакав глас да до ње допре.

Дође јој да песмом тишину разбије, али није могла грло да отвори. Саби јаче прсте у дланове и пожури. Од мајке је чула да гладан стомак није добар сапутник, уз топли оброк ће све изгледати другачије.

Врата су била само притворена, видело се да је ватра угасла.

Тишина је постајала несносна.

На прагу се, са унутрашње стране, придржавајући врата да се не затворе, белео комад изрезбареног дрвета. Кад га је подигла, у руци јој се извио крилати створ.

Тргла се на лепет крила негде иза ње, а шума се, као да је само знак чекала, огласила уобичајеним шумовима.

Спустила је дрвени предмет у посебан преградак на торби, са стране, и закопчала га месинганим дугметом.

Ватра је поново запрштала, разгоревала се. Зид на коме су се ноћас јасни обриси исцртавали, био је чист и бео, са незнатним траговима гара при врху.

Јела је туђим устима, мисли су јој биле далеко испред тог дана у коме је вилинску водицу узалуд тражила.

Одлучила је да остане, да још једном ту заноћи пре него крене даље.

А она хладноћа која се синоћ кроза сен уселила у њу, није нестајала.

Печат

Није се изненадила кад је реза, рђом разједена и дотрајала, пукла, а врата се отворила уз подмуклу шкрипу шарки. Била је упозорена. Знаковима и говором шуме, наслеђеним знањем које јој је шумело у венама.

Уроњена у мрмор, свесна да наставља низ, чак и не желећи да избегне неминовно, дрхтала је, а кожа јој је бридела по целом телу.

Била је спремна, па ипак, није могла да се тек тако препусти. Иако је са сваким студеним удахом што би је узаврелу запарао, све бивало известије. Знакови су се повезали. Сен се у њој скупила у клупко ишчекивања.

Почиње.

Сусрет времена.

Налегао је на њу тежином и снагом мушкарца. Првим га је импулсом одгурнула. Он је нешто шаптао, тешко, испрекидано, као да су га речи давиле па жуди да их се ослободи.

Њој се једна реч само отела. Запарала је ноћ питањем, а одговор је знала. Да су у тој ноћи њихове судбине повезане. Да ли је и он знао?

„Мушкарац и жена... кад год се нађу, волеће се. И наставиће да чезну, вију се, вијају кроз време, и чекају, док год се поново не нађу у новом сусрету времена, кроз неке друге људе... Мушкарац је носилац завештања, жена има знање..."

Негде је то чула. Да ли у сну? Долазећи из дубине времена речи су јој бубњале у ушима док је слабашно покушавала да се одбрани, и то нагонски, телом само, јер, знала је да се све дешава са разлогом.

Страх је нестао нагло како је и беше обузео. Препустила се. То је био он, човек кога је волела, судбински.

Она је чуварка, време је било да роди ћерку.

Руке јој је једном својом спојио и притиснуо о под. Другом јој је задигао сукњу и прибио се уз њена стегна.

Оклевао је. Разваљена врата уводила су месечину. Између очију, на саставу веђа, утиснуо јој је пољубац, врео и сув печат.

Једна јој је рука клонула на под, друга је почивала у његовој, олабављена. Миловао јој је прсте, стрпљиво, један по један. Потом длан, надланицу, па склизну пуном линијом врата и зглоб палца меко утисну у удубљење између јагодичних кости, отирући кап зноја која се ту слила. Дахом, без додира усана обљуби јој лице, опече усне, и спустивши главу испи грашке зноја што су јој се махнито сливале у корену врата.

Блуза се сама отвори и шаке му се напунише белином и набубрелошћу. Зајеча и изви бедра одвојивши се од ње.

„Не?", мукло питање пореметило је кретање сени на зиду. Ноћ је замрла у ишчекивању.

„Да."

Није видео, обузет страшћу, како су јој очи потамнеле, до црнила.

Два млечна зрака пробила су се кроз пукотину прозора, згуснула се и уобличила у сени мушкарца и жене. Спојивши се са шумним уздахом олакшања, склизнуле су и стопиле се са љубавницима.

Чекање је спојило време прошло са садашњим.

Сенке су се преплитале на зиду, скренула је поглед са њих.

Догодило се. Блага смиреност отежала јој је удове. Она сен која јој је хладноћом стезала груди и мучила је леденим додиром прадавног греха, беше отишла.

И он је отишао. Пре Сунца, по мраку. Не рекавши ни реч, није имало шта да се каже.

Остало јој је у шкрињици оно дрво змајолико.

≈

Прво је, стигавши у Београд, нашла себи кућу. Малу, оникс црних оквира на прозорима и бело окречених зидова. До улаза и оскудно намештених соба долазило се стрмим степеништем. Празнина, одсуство вишка ствари, неугушен простор ослобађао је дах. Велико бело дрво шушкетало је у дворишту, трава се плавозеленела све до ивичњака и повијала преко. Није даље тражила.

Дарови шуме били су јој довољни за почетак.

Прибојавала се величине тог града, могле су у њему мисли да се расточе и оду неким од изукрштаних струјања. Али, обиље воде држало га је на окупу, а проток воде омеђио је токове њених мисли. Велике реке лењо су се ваљале, снагу обуздавајући. Воде што спајају земаљско са вечним штитиле су град и људе у њему. Остала је. У граду и тој кућици.

Заштитнички и усмеравајући гласови нису више до ње допирали, везе су се прекинуле оне ноћи у колиби. Нису јој више требали, довољно је појмила.
Одмах ујутру схватила је да се плод те ноћи угнездио у њеној утроби. И да је изгубила право на дар који је од потока добила у Ивањској ноћи, да језик немушти разуме.
„Ако сам га икад и имала. Ако нисам била тајном неком намером вођена."
Па се, иако некрштена, прекрстила.

Црквени обреди у селу одакле је дошла били су од старине замрли. У другу недељу од доласка у град, крстила се у православној цркви Пресвете Богородице. Никога није познавала, кумовала јој је попадија, милолика, пуначка и плава, која се ту затекла кад је Марика дошла да пита за крштење, и одмах се понудила да помогне.

За девет месеци нашла јој се девојчица. Назвала ју је Никита. Кад је проходала, певушила је где год је ишла, коса јој се златила а смешила се целим лицем. Мајка јој је везала око руке црвену огрлицу са звончићима против урока. Све како је у сну видела. Јер дете није било крштено.

„Нека се сама крсти кад одрасте, тако је најбоље", рекла је попадији која се запрепастила што млада мајка себе крсти а чедо некрштено из цркве кући враћа.

Тролист на зиду Марики је био намењен, кад дође време и њена ће кћи сама знати шта треба да уради.

Женско је па не мора за дете да се боји. Генерацијама, рађала су им се женска деца; њихови су мужеви морали да се чувају грома. Како год да су се чували, гром би их макар опрлио, ако им не би глас или живот одузео.

Натајно су у кући причали да је то проклетство од неког далеког претка повучено, њиховог, са женске стране, који је ка муњи руке пружио у жељи да моћ себи призове. Недостојан је био и тежак је грех носио, а усудио се да небо изазива. Ланац није занавек уплетен, карика ће пући кад се грех понови и окаје.

Чула је од мајке да је њеном прадеди Обрену глас громом био прекинут. И о сагрешењу његовом и кајању са којим је на онај свет отишао. Чак и то, да му се глас вратио, али га никад више није пред неким пустио ни обданио. Који пут је по ноћи, не могавши срцу да одоли, устрептало запевао, пригушеног гласа, док га нису чули и почели да запиткују па је и то престао. То је било његово испаштање.

„Да ли је тиме скинуо клетву?", питала се Марика. Или је потребно да се све до краја испуни? И шта?

Кријта

Кад је одлазила од куће, Марика је са сваким одрешитим кораком бивала сигурнија да више неће видети мајку. Кораци су јој се укрштали, склапали и за њом затварали.

Али, тамо где је тајну Ивањске ноћи заменила за ону другу, која је дала смисао свему, обрела се још једном.

Родила је ћерку, и све се настављало.

У колибу се вратила зато што је Никита затражила минђушу из ковчежића. Пркосно је добовала кажипрстима по њему, ослонивши дланове на поклопац. Стајала је уз комоду, млада и жустра, с неразумевањем гледајући мајку. Марика је, опуштена, главе заваљене у наслон фотеље, узвратила погледом стрпљиве нежности.

„За кога је чуваш? Нити је ти носиш, нити је мени дајеш?"

„Али, шта ће ти", бранила се Марика, одмахујући главом, „па само је једна, шта ћеш с њом?" И поправљала наборе на сукњи, задубивши се у фину кончану потку, намерна да промени тему.

„Ма само ми је ти дај, и не брини, носићу је, ето шта ћу. Нико нема такву, баш бих волела."

Никита подиже дугу косу у реп, и обави је траком. Смешећи се, са нескривеном кокетеријом, окрену профил ка мајци и пређе надланицом од корена врата до ува, показујући како би јој минђуша пристајала и лепо низ врат падала. Обе се насмејаше.

Дошла је по одговор.
Све је нашла како је пре много година за собом оставила, као да је само клизнула унатраг. Чак и дрва наслагана и спремна за потпалу. Ту неко пребива и ватру ложи, али га она неће видети.

Све је било као некада, сени су походиле зидове, шума је сву ноћ шуморила и она је ујутру знала одговор! Да још није време.

Није било оне тамне хладне сени, дан је био светао, и мада није више разумевала говор шуме, сећала се свега. Још увек је могла да протумачи знакове.

Чим се вратила, дала је Никити ковчежић. Само на чување, да би га она предала својој ћерки.

„Али ја немам ћерку, не знам ни да ли ћу је имати", рекла је Никита отресито на ово условљавање. Ипак, жељно је примила у руке предмет своје дечије жудње и маштања. Погледа горе, ка орману, као да тражи скровиште за њега, па га прави уз себе.

„Хоћеш. И знаћеш кад буде време да јој ово даш. Она ће знати шта треба да уради са тим. Или ће пренети даље, својој ћерки."

„Како ће та моја будућа ћерка знати шта треба да уради, ако ти не знаш, и ја не знам?"

„Испружи руку."

Никита са мрзовољом пружи леви длан. Марика узе кутијицу и споро, одуговлачећи, подиже поклопац. Извади златну копчу, превелику за брош, замисли се над њом, па је врати унутра.

Кад подиже минђушу, обе изненађено устукнуше. Никад раније није тако засветлела.

Са оклевањем, Марика ипак спроведе замишљено, и спусти је ћерки на длан. Светлост се угаси. Никита је упитно гледала у мајку.

„Шта видиш?" упита је Марика.

„Шта видим? Шта би то требало да видим?"

„Да треба, знала би. И видела би. Није време."

Никита се напући с намером да подсети мајку на размажену девојчицу каква је некад знала да буде, и додворавајући јој се ситним трептањем, упита:

„А шта то мени фали, кад очекујеш да нека тамо моја наследница види оно што ја не могу?

Марика се разведри, а осмех се из очију настављао мрежом ситних борица. Потапша ћерку по образу.

„Ништа она неће имати што ти немаш. Кад дође време, појавиће се онај са којим ће круг да се затвори. И све ће ићи само од себе."

Никита

„Да ли се јавио?"
„Није. Ма пусти, баш ме брига."
Слушалица је издајнички проводник.
„Ха, ха."
„Кажем ти. Добро, ето, волела бих да се јави, баш је... посебан. Сав је од крви и меса, и те како! А опет, онако плав и насмејан, зрачи, као неко светлосно биће."
„Ала си се ти заљубила!"
„Мислиш?"

≈

„Причала сам мами о њему. Како је... не знам, сав је... такав!"
„Ал` си јој објаснила! И, шта ти је рекла?"
„Заинтересовала се, баш. Мало ме испитивала па је задовољно константовала: `Аки пардус`."
„Шта јој то значи?"
„То је руска реч, леопард, гепард, велика мачка."
„И, је ли такав?"
„Не питај!"

≈

„Што се твоја мајка зове Никита? Зар то није мушко име? Одакле јој?".

„Јесте... али, баба је нешто сањала кад ју је носила, па ето... Целог детињства држала јој је око руке амајлију, црвену наруквицу са ситним златним звончићима. И мени је ту исту везивала око зглавка док ми је једном деца умало нису отела на улици, дошла сам кући изгребана и у модрицама. Скинула ми је и ставила у дрвени ковчежић, сребром окован, који сам увек волела. Кад сам била мала, звала сам га ковчег с благом. Никад ми нису дозвољавале да претурам по њему, а и дан-данас га мама закључава.

Баба није хтела да ода чије је дете родила. Удала се кад јој је ћерка стигла за школу. Она неће да призна, а мама тврди да је то урадила из интереса, није више могла да издржава њих две. Припитам је и сад о томе, кад ми се учини да је посебно добре воље... Деда већ годинама није међу живима, могла би да проговори, никога то не би повредило, али неће! Баксуз. Не тиче се то само ње, ради се о мом пореклу."

„Има своје разлоге."

„То да. Она је најразложнија особа коју знам. Ни њена мајка није открила с ким је њу родила. Бар знам ко ми је отац, причала сам ти, био је геометар, сећам га се као кроза сан, страдао је од грома, на некој пољани...

Е, имам бабину слику, показаћу ти. Овде је, у фиоци, са сликама из мог детињства. Црно-бела фотографија, али је прилично јасна. Ево, погледај."

„То је она? Да ли си свесна колико личите?"

„Знам. Мама личи на њу, ја на мајку. Рекла ми је баба да и она личи на своју мајку, у длаку. Да ћу и ја имати ћерку која ће личити на мене. Каже да ми рађамо женску децу већ генерацијама, и то само по једно."

„А има ли и твоја мајка зелене очи? Еј, имаш перо на џемперу! Је л` ти то гајиш голубове на тераси?"

„Перо? Не знам откуд. Могуће да је са терасе, врзмају се по њој. Баш су се нешто навадили, као да их вабим. Да ме оног дана видео неко од мојих ђака, звали би ме голубарка до пензије! Или још горе."

„Зато си нашла Викинга усред Београда. Нису ту чиста посла. Нешто сте ви вештице уврачале. То ти је баба сместила. Уплашила се да не останеш уседелица, па ти наместила оног типа!"

„Ма видиш да је неки уметник. Што ми није донео цвеће к`о нормалан човек и позвао ме да изађемо. Донео ми слику и испарио."

„Нашла слика прилику! Да је свакодневан, ти га не би ни приметила. Не могу само да разумем што си изнела слику из собе док сам улазила? Да је не видим? И оног дана кад је донео, смотала си је као да је највећа светска мистерија. Шта кријеш? Није ти ваљда послао себе у Адамовом костиму? Нека, твоје право, навикла сам ја на тебе, али сад претерујеш. Нећу да је поједем ако погледам."

„Други пут..."

Сен

На црном коњу језди, ни живо ни мртво. Између два света заглављено, па нити је од крви и меса, да се може убити, нити је сам дух, да се не може видети.

Сен.

Од коња, налазе се само трагови. Коњ се да опазити кад се сусретну светло и тама, у свитање, пре петлова. Назиру се задивљујући обриси животиње која се издиже и усправља не би ли збацила са себе јахача. У свитање јој постаје претежак. Сву ноћ сен купи терет људских грехова, пред зору је оловно притисну.

Не прикаже се свакоме ко се на месту затекне. Само оном ко је крилом змаја обележен, или ма каквим крилом на рођењу дотакнут, макар и случајно; и сен је крилата, иако јаше. Деси се да превише заграби и понесе, па се зором вине у незнано, да се накупљеног ослободи. Врати се предвече, и спусти се на коња празних руку и лаких плећа.

И ономе се да сагледати ко због туђег греха страда, јер и сен се са гресима људским носи.

Кога дотакне, ледена га језа прожме кад му сен стави руку на прса, зачује топот копита, или шуштање плашта, и то је све. Да га опомене на вечну таму и студен, ако је грех на њему, ако због туђег греха испашта – да му додиром одлакне.

Птице је могу видети, у роду су с њом, крилима повезане. Зато се птице ноћу не гласе. И пред неку невољу замукну, кад се сен приближи да свој плашт или руке подметне не би ли страдање људско ублажила.

Ни дух је а ни човек, крилатога је рода, од човека се сакрива и у потаји му помаже.

Човек се боји свега чиме не може да влада. Пре или касније уништи оно што не може да потчини. Сен је бескрвна, али зна да није неуништива. Зато се крије, као и све друго добро или зло, што се између овог и оног света креће.

Марика је испричала Никити ову причу, уверена да ју је баш то тајанствено биће посетило онда у колиби, кад јој се студен под груди гнездила.

„Па то је анђео, ти говориш о неком анђелу", Никита истури браду и подиже обрве. Заваљена у фотељи, опуштених рамена, зането је слушала приказ све до самог краја кад је извукла закључак.

Марика је у правдању раширила руке, обнажене до лаката, прекривене риђим пегама. Причала је онако како је од мајке чула.

„Треба да знаш да сен постоји. И да то, заједно са другим знањима које стекнеш, пренесеш својој ћерки.

Да се и она, кад птице утихну, отвори ка непознатом, које јесте застрашујуће, али знањем човеку и жени недоступним, одржава равнотежу, пазећи да људски греховни свет не потопе."

Кай смоле, као суза

Тајна се најбоље сакрије ако се на раскршћу, на коплету ветрова и сила непојамних земљи на чување повери; само кости грешника раскрсна земља брзо избаци, све друге скровитости чува.

И истина на тим местима обитава, трокрако раскршће неистину не држи, у вртлог је свије и једним од путева даље отправи. Неистина је један од грехова који могу да превагну у одмеру добра и зла ако се на једном месту гомилају; раскршћа развејавају њихову тежину.

Беспосленима је боље да их се клоне. Ко својим путем идући прође, а да се не задржава, ни по јада. Али, ако ту дуже борави, или пак заноћи, могу се у њега угнездити грехови што их ветрови разгоне. Онај, пак, ко зна како да на крај изађе са трострујним, може да потражи одговор на питања која га муче, и да добије истину кроз три ветра просејану.

Кад је још Бог земљом ходао, пресретоше га на неком раскршћу разбојници.

Дигавши руку на њега са намером да отме торбу што му је са рамена висила, један од њих се у ветар прометну и нестаде. Други, сажаливши се на старог мироходника, замахну да га одбрани па се и сам у ветар претвори и на раскршћу чуваркућа постаде што тајне сакрива и шумором и ромором казује их одабранима. Трећи, видевши шта се с њима догоди, нагна се у бег, и од њега ветар луталица поста који, најчешће зором, прохуји и развеје све што је његов зли први садруг по ноћи нанео.

Зато, где се ветрови на раскршћу сукобе, само онај ко њихов говор разуме може безбедно ту да заноћи.

„Рођена сам на асфалту, а јежим се од бабиних прича! Што је још горе, сетим их се кад најмање треба. Ухватила нас је ноћ на раскршћу, па шта? Нисам ја вођа пута, а и он, шта је могао, подзид се непредвиђено одронио, не можемо даље. Изгубићемо цео дан док се сутра враћамо и идемо заобилазним путем до логора. Ха, ко зна, можда ми ноћас ветрови и хукну неку тајну. Баба која о свему прича, ћути као заливена о мом пореклу. Увек ми одврати да ћу сама сазнати. Па, ето, могло би то њено раскршће да се отвори па да ми пришапне док спавам.

Ух, једва чекам кревет, кад ће већ једном да нас распореде по собама, да легнем..."

Марикина унука, Никитина ћерка, преспавала је у хотелу саграђеном на тромеђи планинских путева. Пред спавање, протресла је јастуке да би се удобније сместила, па кад је ујутру, сањиво гурнувши руку под јастук, извукла прамен црвенкасте косе испод њега, знала је да увече није ту био. Спаковала га је међу своје ствари.

Вративши се са путовања, дуго је стајала пред сликом што јој је донео мушкарац око кога је од тада своје мисли плела, па је отворила ковчежић, и предмете из њега поређала испод слике, на комоду.

Прихватила се чврсто за ивицу комоде и скупљених веђа, главе мало истурене унапред, у тражењу и присећању, понављала је неразумљиве речи. Бела свилена блуза се затегла на леђима, кроз њу је пробио зној. Врлетни а музикални језик открио јој је, женским гласом и разговетним шапатом, тајну коју је жудно упила. Језик је хазарски, појасни јој глас. Зачудо, све је разумела. И запамтила.

Вратила је ситнице у кутијицу.

А тај прамен зна где треба да однесе.

Кад оно што тражиш тебе тражи, наћи ћеш и ако не знаш тачно шта тражиш...

Следеће недеље се крстила, а дрвени крстић који је мирисао на тамјан и бор окачила је око врата и није га више скидала. Један исти такав окачила је преко слике што ју је на дар добила. Тај други је нашла оног јутра, испред хотела. Висио је о јеловој грани као да га је неко ту немарно окачио и заборавио. Мали, боров крст и на њему кап смоле, као суза. Пажљиво га је скинула са дрвета, а није га ставила себи око врата чак ни после крштења. Сликару га је наменила.

Знала је унапред да ће га он одбити.

Од оне ноћи спознала је да није само село, из кога је Марика отишла, безверно.

Последње је доба претежало а безверје се уврежило. Пред недаћама поклекавши, људи се моле лажним боговима, праве себи идоле, окрећу се духовима таме.

Сликар што је трозупцем слику означио, одвратиће главу кад му крст понуди.

Чуваће га док он не буде спреман да га узме.

Зов

Остарио је Дукатин. Није се повио, само се некако смањио, испиле га године, сасушиле. Коса му остала млада, непослушна, и даље му је падала на очи. Није се оженио. Требало је, али... урадио је нешто незамисливо о чему се дуго причало – побегао је уочи свадбе. Отишао у шуму. Тражили су га, чекали до зоре, па се обесхрабрено разишли. Вратио се сутрадан увече.

Несуђена млада није дуго на бели дан изашла, од стида. Увређени, њени нису хтели више да чују, а он се и није трудио да спере кривицу. Трпео је грдњу и приговарање у кући неко време, па је и то прошло.

Није жалио што им је планове покварио.

Пошао је тога дана за Мариком.

Надао се да му је временом опростила, ако је икако могла. Пазио је мајку јој Магду, до краја, као своје родитеље.

О оној ноћи није причао никоме.

Знао је где је Марика. И да не треба да је тражи. Да је хтела, дошла би му сама. Магда јој је сигурно дојавила да се није оженио. Она је имала дете, чуо је, удала се.

Радио је од онда, није се дангубицама замајавао, земљу је обрађивао, а бездана земља прогута сав рад, и иште још. Дрво га је једнако привлачило. По лепом времену, изабрао би комад из припремљеног мноштва, сео пред кућу, задубио се у рад. Имао је пун таван скулптура, резбарија, делова намештаја... Ретко да је био задовољан урађеним, па су творевине у низу, једна до друге, једна налик другој, потврђивале тежњу да се приближи оној замишљеној.

Много је пута покушао и најпосле одустао да понови ону змајолику фигуру која се обликовала у његовим рукама као да је настајала према сенци са земље, а не обратно.

Село је почело да се расељава. Крунило се по ободима, као по неком плану невидљивом, напуштене куће су брзо пропадале а нове се нису градиле. Дукатина то није узнемиравало. Свикао је на самоћу.

Можда се и не би исељавали, али раздор, сваће и ненавиделице трајали су предуго. Подметања, крађе, прељубе...

Око свега су се гложили. Око међа, места на гробљу, стреха које капљу, дечјих зађевица... Око зајма, најма, мужеви око женских аброва, жене због мужева...

Дукатин се држао по страни, али село никако да схвати да је он одавно у другој причи, својој, и покушавали су да га увуку у неке качиигре. Он би сео и глоцкао своје дрво, ћутке, док га не оставе на миру.

Једне суботе, дрво које је обрађивао, измичући се отело, као живо. Као онда.

И он је грозничаво радио, поседнуто, шаптао крутим уснама... изговарао речи молитве. Не памти кад се помолио, није од детињства... Добро да још зна Оченаш.

„Откуд ми је то дошло...?"

Покушаће да понови змаја што му се пре много година сам у рукама извио!

Но, дрво је имало своју памет. Колико се год трудио да му крила извије, комад се дрвета у коња са јахачем на себи обличио. Коњ у скоку, јахач у замаху! Јахач је једном руком коња сапињао, другом је држао крст.

Брзо је било готово.

Поставио је фигуру на тло, заклатила се, он је придржао руком. Приметио је да је крст јахачев ка цркви управљен. Оној малој запуштеној богомољи на коју је његова кућа гледала.

Подаље од цркве зарасле у шипражје, играла су се деца. Спазивши га, почеше да скупљају камење и да га дозивају у помоћ. Па нагло, уз повике:

„Змијарник! Удри змијарник!", осуше каменице на цркву. Пуче неко заостало окно, и они се растрчаше. Дукатин покупи алат, узе фигурицу и оде на таван да све то сложи.

Вас дан ни о чему другоме није мислио, до о свом делу, и о деци пред црквом.

На цркву је био и заборавио, годинама је крај ње пролазио и не видећи је. Ноћ је провео међу просењеним зидовима, ни будан ни усну̂о. Кад је зазорило, пре него да устане, гурнуо је руку под стари јастук искрзаних ивица.

Нашао га је. Онај прамен њене косе, коме је пре толико година траг изгубио.

И знао је шта треба да уради.

Излазећи из села, прамен је положио на крајпуташ, где већ дуго нико није остављао понуде. И тај је стари обичај био на умору.

„Ти на пут?" упита га комшија који је поранио за послом.

„Брзо ћу ја натраг."

И не дужећи причу, пожури да замакне.

≈

Марика је устрепталом руком окренула број и позвала Никиту. Тихим али звонким гласом какав се дуго од ње није чуо, заповедила је:

„Дођи брзо!"

И спустила слушалицу.

Никита је касно заспала, гледајући неки стари филм, и телевизор је остао укључен. Сада је спикерка енергично коментарисала најновије догађаје и секла ваздух у соби, натегнут од стрепње.

Никита је одмах почела да се спрема. Ћерка је одлучила да пође са њом. У хитњи је приставила кафу и угасила телевизор.

„Бака нема обичај да диже панику, нешто се догодило".

Боље да провере, да не нагађају.

Било је рано јутро, обе су спавале кад се јавила. Пожуривале су једна другу око купатила. Свака је носила шољицу за собом по стану и испијала кафу спремајући се. Брзо облачење, без шминкања. Никита је обукла фармерке и обула патике, њена ћерка је навукла тренерку. Забринутост је била донекле утишана Марикиним гласом, јер није звучала болесно, ни уплашено.

Марика се пресабрала док су оне стигле. Отворила им је врата смирена, коса јој је била уредно скупљена у малу пунђу на потиљку; црна блуза јој је истицала бледило. Гледала је бесловно Никиту, па унуку, право у очи. Из недара је извадила дрвену фигурицу, видело се да је скоро урађена, нелакирана, необојена. Кошуља јој остаде раскопчана, она и не примети.

„Ово сам јутрос нашла пред вратима."

Вешто извајан коњ у скоку, јахач у замаху што једном руком коња обуздавајући, другом држи мали крст, онакав какав је Марикина унука око врата носила. Ставила је дрвотворину на полицу. Поред змаја од дрвета који је ту стајао докле је сезало памћење Никитино.

„Време је", рече Марика, расејано вртећи међу прстима седу влас што је са рукава скинула, „да се време састави. Кад људи изгубе веру, све крене да се урушава. Заједница без вере, мала или велика свеједно, као човек је без кичме.

Моја мајка је, лечећи стоку, говорила: `Куде има век, најде се лек`. Тако и људи, негде пропадну у безверју, негде се избаве.

Ти си чуварка, ћерка чуварке, унука чуварке. Трећа у низу. Време је да се време са временом нађе. Никита, тај се сусрет времена већ једном збио за мога трајања, тако си се ти родила."

Унука заусти да је нешто пита, она је уђутка оштрим покретом руке.

„Не питај, само буди отворена. И чекај".

Жмурила је овлаш, и наставила да говори, као да се дремљиво себи самој обраћа:

„Путеви су Његови недокучиви. Кад се стекну услови, време се са временом састави, прошло са садашњим, а будуће се отвара. У том процепу сретну се мушкарац и жена, воде их знакови. И кроз двоје који као једно делају, наум се Божји спроведе.

Као Дукатин и ја. Али, ја сам била само чуварка."

Стави руку унуци на раме, не отварајући очи.

„Са тобом ће да се испуни..."

Испратила их је одмах, да се не би снашле и почеле да запиткују. Благо их је изгурала у полумрачан ходник, рекавши им да мора да се одмори. Брзо је за њима закључала.

Збуњено су се погледавале док су силазиле степеништем, застајкујући, и недовршеним реченицама покушавале да доврше оно што им је Марика на брзину рекла, кад се у месту укопаше.

Горе, у соби, Марика је певала. После толико година.

Безродный

„Причај ми о себи."

Зима се већ источила, последњи завијуци околили су парк. Он намота свој шал око њених рамена, мек и растегљив, причврсти јој руке уз тело.

„Везана си. Шта ћеш сад?"

Мигољила се, онако успут, не уважавајући тај покушај изврдавања. То није био одговор на њено питање. Жуљао ју је сат, притиснут уз леви ручни зглоб. Тражила је његов поглед, усмерен на остатке снега, наносе ситног, белог праха у смрзнутим удубљењима земље око жбуња и поред гдекојег камена.

„Причај."

„Шта? Па знаш све, висину, тежину, број ципела је 44. Сликар. Боју косе и очију видиш из приложеног."

Прича му је била у очима, згуснута у слике, мисао лако преводива у осећај. Ипак, тражила је одговор.

„Кога имаш?"

„Очувала ме баба. Откако је нема, немам никога."

„Значи, ја сам нико. Добро, причај ми о твојој баби."

„Шта да ти причам? Била је Рускиња. Пристигла је у Београд давне 1938, са неколицином својеглавих художника, непристајућих на компромисе. Кад сам остао без родитеља, бринула је о мени. То је то."

„Твоји родитељи... шта се догодило?"

Трачак нелагоде, запретано сећање на губитак... и опроштај у гласу.

„Страсти, ваљда, повукао их живот... Отишли свако на своју страну још кад сам био мали, без освртања. И сад су негде... у својим животима."

Искрсну јој слика дечака, поноситог и отврдлог, како гута сузе у тами, са главом испод покривача, немајући коме да се пожали на неправду, а деци се криво чини и нехотице; одрастање боли, кожа тешња и пуца, ако се љубављу не заглади, остају ожиљци. Глас јој згасну у шапат.

„Како ти је било? Тешко? Мајка је љубав и утеха. Да ли ти је недостајала?"

„Пусти то..."

Дуну ветар и запраши их сувим, игличастим белилом.

≈

„Знала сам да си сликар кад си донео ону слику. Али, како си могао...? Па то сам ја на њој..."

Сад јој је шал обавио око струка и покушавао да га веже у машну, чему дебљина тканине није погодовала. Руке уметника су низ складних покрета завршиле магичним преплетом прстију који је измакао њеном опажају, и учворале шал.

Играо се, као да га је забављала њена озбиљност. Зашто би јој ишта рекао, питао се. Спознаће и сама, ако већ није...

„Ех, како... Слике постављају питања, али и дају одговоре, онима који умеју да виде."

„Верујеш ли да ја могу да видим?"

„Сама знаш. Можеш ли?"

„А онај трозубац на слици, шта ти значи?"

„Трозубац? Отац ми је од дрвета изеђао такву играчку кад сам био мали, дуго сам је чувао, а кад се у игри поломила, почео сам да је цртам. Остао ми је као нека веза са њим..."

Средњег раста, допирала му је до рамена. Коса му је, препуштена ветру, пала на очи, и он, заузетих руку, забаци главу уназад. Повучена наглом кретњом, одоздо му је погледала у лице; изнад кратке риђе браде модриле су се очи, у њима осмех. Одговори му:

„Да, ја могу да видим."

≈

Велика окна на кровним косинама, полуокренута небу, уводила су светлост у атеље по сваком времену. Јарку, топлобојну, или пригушену, сеновиту. Каква је долазила такву би је у цртеже и слике преточио.

Сваки му се дан другачије отварао. Хватао је таласе широким и снажним покретима, из рамена, а титраје брзим, кратким трзајем из зглоба шаке.

Дрво, вода, камен.

Храст. Пунокрван, у напону свог трајања, где господари простором; или зрео, сув, на издисају, како се опире нестајању знањем вековима наталоженим којим је, уместо усахлих сокова, хранио оскудно лишће. Сам, једини. Или у дијалогу са човеком. Један храст и један човек, у сусрету времена.

Вода. Свеприсутна, животна, густа као крв, бистра као око. „Као жена", понекад је знао да каже, кад му се измакне и хировито усковитла. Па га већ у следећем потезу кичице заведе кротким валом и биљурним капима. Изворишта, вртлози, широки заливи, тихе увале, слапови... Вода је самодовољна, испуни слику собом као што се преко ивице речног корита прелије кад у пролеће надође.

И камен. Почетак и крај. Камен је чувар.

И жену је сликао, сневани лик је омаглицом чежње топио боје. Све до сусрета са њом кад се неизвесност у изгледност разрешења преобратила.

Чим би завршио са ученицима, повлачио се у атеље. Радио је много, уграбивши само покоји тренохват сна. Ноћ није доносила предах, отварала је нове просторе, водила га у лутања са којих се враћао исцрпљен, а стопала су га жарила као да је огњевите стазе крчио. Трагао је.

Одмарао се на свој начин, стојећи испред штафелаја, напетих мишића, затегнутог врата, подигнуте браде. Сав у напону, само руку благо опуштених низ тело, док ослобођене мисли прсну на разне стране као пчеле у потрази за нектаром. Враћале су му се отежале, плодне, и он је, после краће или подуже станке, настављао са радом.

По угловима атељеа, прекрите белим папиром танким попут паучине, мрешкавим на најмање зрачно струјање, тајиле су се слике које нису ишле на изложбе. Излагао је у Београду, Србији, ван земље, али једну серију слика је чувао од погледа. Долазиле су из давнина и свака је неку причу поведала. Док их је радио, чинило му се да тајанствену књигу ишчитава, знакове преводи и у слике слаже. Знао је да имају посебну намену, и чекао је да је спозна.

Морао је да буде стрпљив.

Сазнања најпре закасне када јуримо за њима.

Мозаик

„Шта ти је то на рамену? Неко крило?"

„.Ма, долази овамо, ниси ми ваљда скинула кошуљу да ми белеге пребројаваш?!"

Кошуљу у ситном каро дезену, плаво-бело-бледожутих коцкица, држали су свако за један крај, али нико да затегне. Она му зађе за леђа, свеједнако држећи се за кошуљу и пређе му руком преко рамена, истраживачки, са нескривеним уживањем.

„Можеш сад да се обучеш. Видела сам."

„Како то мислиш, да се обучем, не пада ми на памет! Скидам и остало!"

„Уозбиљи се. Чека нас посао."

„Превише причаш а ја сам без кошуље... И о чему то причаш? Ако хоћеш да правимо децу, може. Ал`упозоравам те да ће личити на мене, па ти види..."

Шалио се, схватила је да јој тиме помаже, разбија нелагоду у најави.

„Не шегачи се. Имам дар за тебе, мало је необичан, али пристајаће ти."

„Имам и ја нешто за тебе. Можеш ти прва."

Са длана јој блесну светлост. Затрепери па се стиша, и разазна се минђуша, у чијем је средишту рубин рудео а омеђујући га, по један бисер чедне белине пригушено сјајио.

„То је за мене? Шта да радим са тим, стварно ти је чудан поклон..."

„Знаћеш шта да радиш кад је ставиш на уво. И, не брини, мушка је."

„Видим да је драгоцена, али накит не носим. Како бих је и ставио, немам рупу у увету? Ништа од тога."

„Узми и не брини. Нагласила ми је бака да по предању, једина претња овој минђуши је човек слеп на једно око, злокобан... Прича каже да му мрена даје аветни изглед, не бих волела да га сретнем, ни у причи... Твоја је."

Она му приђе и онако како је он њој једном под мајицу голупче стрпао, полако, са осмехом, прислони му минђушу уз уво, а она прилеже као да је одувек ту лежиште имала.

„Сад може да грми колико хоће, готово је", прође јој кроз главу непозвана мисао, као порука.

„Да ли је болело?" сети се да га упита.

Ни главом да потврди или одрече. Видела је да речи не допиру до њега. Испод набраних риђих обрва гледао је зането у шарени калеидоскоп који се пред њим одмотавао, у слике које су спајале далеку прошлост са садашњим.

А кад се отргао и осврнуо се, ње није било у соби. Кошуља се заборављена гужвала на поду, наборана и празна, као шупља кора корњаче.

Осетила је студени додир сени и одмах изашла. Погледом је отпратила коњаника од кога је у сумраку само обрисе назирала и чула топот копита. Сен се опраштала од људи. Време је да нађе мир. Знала је то из хазарских речи и волшебног сна у хотелу на раскршћу.

Стајала је, приметивши како се нагло смркава, ноћ се просула одједном.

Скинула је бело перо са свог рамена, ничему се више не чудећи, стиснула га у шаку и вратила се унутра.

≈

Увела је помрчину у собу кад је ушла. Он се већ био обукао. Нису одмах проговорили, обављали су ситне радње које су им мисли доводиле у ред. Она је донела свећу, он је креснуо шибицу и соба је оживела. Волела је миришљаву топлу светлост, свеће су биле распоређене свуда около. Пламен се лелујаво отимао, као да га ремети упорни лавеж комшијског пса.

Ухватио ју је за руку. Сада је био његов ред.

„Нисам ти још дао поклон... Узми... док нисам тебе имао, мислио сам да је ово највредније што имам."

„Прстен! Али... Диван је, само... шта је то, од чега је?"

„Од злата је изливен и женске косе. Прастари. Једино што ми је од оца остало. А њему од ко зна ког претка. Јединствен је, као и ти."

≈

„...свака моја слика, сваки потез је део мозаика. Трагам за сликом која ће све уклопити у одговор.

Давно сам постао свестан порука које ми у снове, кроз музику, неочекиване и загонетне сусрете, кроз скривене и залудне мисли и друге путоказе долазе, и схватио сам да ме све некуда води."

≈

„Добро, знала си од почетка. Шта да ти причам? Заљубиш се а да и не приметиш, знаш како то већ иде. Хало, ...ма нешто крцка, али да, чујем те. Знам да се не виђамо данима... треба да завршим неке послове... позваћу те чим будем могла... Мораћу да отпутујем на неко време, на дуже... па сам само хтела да ти се јавим, да не мислиш да сам те заборавила.

Средила сам све на послу, нема проблема, а књиге ћу понети...!"

Дрвени крстић још је преко слике висио, падајући на прса господственом мушкарцу.

Варјашка баштина

„Сине мој, ништа ти нећу оставити. Све што будеш имао зарадићеш оштрицом талента својега, кистом и бојама."

Запис

Затребао је некоме цреп да кров на кући поправи, па се преко ноћи снашао, а црква осванула огољена. Прозори, давно разбијених стакала, поскидани су, некоме ће ваљати. Зјапиле су рупе, тамне ране испод лишајем обојеног звоника, испод крста.

Друге ноћи, док је село спавало, под брдом, испод гробља, отворио се јаз и из њега је бистра вода покуљала, зелена од растиња што се у хипу, у трену промицања, у њој одражавало.

Како се ко будио, тако се из најнижих кућа извијало запомагање, из сна су у воду закорачили.

Надирала је брзо, али довољно је времена било да мештани покупе најнужније ствари и измакну. Животиње су бежале испред њих, пуштене из стаја, обора, са ланца...

Клетве су се и жалопојке чуле, воду су псовали, и живот, и Бога. У невољи и муци, понеко је Бога и зазивао.

Село је опустело за пар сати. Зна се да се од ватре нешто и отме, од воде ништа. Језеро се завирило и покрило крове. Вода је стигла до црквеног дворишта, и стала.

На брду иза цркве остала је на сувом Дукатинова кућа, и он испред, неустрашен пред стихијом, чекајући исход. На узвисини којом се пут пео из села, повише куће, и подаље, да се у густишу једва назирао, у сенци храстовој, стражарио је стари крајпуташ. Прамен косе што га је Дукатин оставио био је ту, као срастао са каменом. Под њим се лаштио златник сваки пут кад га зрак светла дотакне.

На другом брду стара Магдина кућа, усамљена, мала, у страху згрчена, или надању.

На трећем – гробље, одвојено кругом камења, као жртвиште.

Све је друго вода под своје узела.

Жртва је света реч.

≈

Благословом и проклетством предака, све што је имао стекао је јединим својим оружјем, кистом.

„Отац ми је оставио само тај прстен, и поруку да све у животу морам сам да стекнем. Ето, једино што могу да продам су слике."

„Урадићемо то. Има још нешто. Минђуша."

„То је поклон?"

„Ниси је добио случајно, нашла те је. Значи да ти припада по праву наслеђа. Можеш да урадиш са њом шта хоћеш."

Ретка драгоценост која је у јувелирници изазвала пометњу својом изузетношћу била је довољна да се црква уздигне.

Слике су продали за остале потребе, а предвиђали су да ће их бити, кад почну људи да се враћају у село.

Прикази двора кнежевог, портрети достојанственог кнеза и красне кнегиње, злато и раскош храмова и палата, лов на дивље звери... и свеприсутна плава боја, византијско плаво... Слике које је годинама радио и држао скрите по разним угловима, распродате су у рекордном року чим су изложене.

≈

Док су мајстори радили под Дукатиновим надзором, сликар је шетао и брижно разгледао околину. Дивљи планински пејзаж и сува земља нису обећавали ни добру жетву ни питко вино.

Једног јутра, мимо свега му пажњу привуче зрак Сунца који се, секући резак и прозрачан ваздух, одбијао од површине језера. Понукан унутарњим зовом, одевен је загазио у језерску воду до колена, и застао.

У прозирној се води огледао крст са цркве на брду. Саже се, захвати воду рукама па се пљусну по лицу, два пута. И још једном.

„Како крепи ова вода, лак сам и бодар! Идем да помогнем мајсторима."

Виде да је поквасио дрвени крстић око врата, па га обриса крајем кошуље. Кап смоле се на њему лаштила.

Она му га је ставила око врата кад су слику са зида скинули да је са собом на село понесу. Нашао се у недоумици.

„Чему то? Нисам крштен."

„Дар се не одбија."

Успе се узбрдицом до широког, окорелог храста, омлађеног пролећем. Лишће је избијало и тамо где га пре није било, из саме коре, суве и распукле. Шта год да се у њему гнездило, био је пун тајни.

Нашао се у вртлогу сенки које чувају догађаје, где се трајање не прекида стварношћу. Теснило се време око њега. Ветар је из лишћа извлачио шапат, па је лишће речима и женским гласом шуморило.

Она што је покривене главе, лица одвраћеног у страну, клечала испред дечака. У руци је држала прстен. Злато се течно пресијавало, замршено и осењено уплетеним власима женске косе... Речи су из несазнајног сезале и допирале до сликара.

„Узми, сине мој, сине два оца. Вучји Реп ти је отац од срца, кнез Владимир ти је отац по крви. Запамти то. Овај је прстен од њих обојице. Првог ћеш штовати за живота као родитеља, али ти, и твоји потомци, наставићете крстоносје и дело кнежево..."

Скиде крстић и стави га дечаку око врата. Шум лишћа пригуши тихогласје, али га не прекину.

Сликар је пружио руку ка прикази, ухватио се за храстову грану. Храст се утишао, ветар се повукао. Сенке се умириле.

Али, сада је знао. Где га све води, и шта ће се развити у мозаику његовог дела онога дана кад га састави.

Недалеко, на крајпуташу, опуштених крила одмарала се бела птица. Као да камен грли.

Или да стражу чува.

Обриса зној са чела, иако дан не беше врео, провуче прстима кроз косу, и крену попреко, ка цркви, са првобитном намером да помогне мајсторима.

Она је жустро ишла ка њему, кријући нешто у стегнутој шаци. За њом, око ње, трчкарао је шарени псић, мешанац. Затекли су га у црквеној порти кад су дошли, изгладнелог и безвољног, ни налик веселом цукцу какав је сада био.

Пришла му је заруменених образа, узбуђена. Блуза јој је спала низ лево раме, није се трудила да је подигне, нити се обазирала на пса што ју је раздрагано повлачио за ногавицу.

„Нашла сам!"

„Тајанствена жено, шта си нашла? Стално нешто кријеш. Шта то имаш?"

„Потврду."

И отвори прсте, полако, један за другим, уживајући у сваком покрету.

На длану јој се белео новчић, тек ископан испод зида црквеног који су мајстори поправљали. Чист и нов кованик сребрио јој се међу прстима. Чак су и слова била читка и јасна.

„Володимир...!"

Пас му је, схвативши њен усклик као позив на игру, скочио уз колена.

≈

Кад су завршили са грађевинским радовима на цркви, мајстори су прешли на Магдину кућу.

Сликар је обишао цркву. Разгледајући фреске којима је била неопходна рестаурација, застао је пред мајчинским ликом Пресвете Богородице. Привукао га је, потакао у њему давно затомљену чежњу и празнину са којом је одрастао. Вођен потребом детета у човеку, спусти длан на руку Богомајке, а додир га испуни топлином.

Започео је са радом и фреске су убрзо надмашиле и свој првобитни сјај, онај који су имале кад је црква била новосаграђена.

Дукатин је однекуд довео свештеника да службу оживи.

И село је почело да се обнавља. Избегли становници су се вратили. Како је ко долазио најпре је у чуду и са дивљењем обилазио храм Богородици посвећен, на који раније нису обраћали пажњу.

Градили су куће од дрвета, камена, цигли, једни другима у помоћ притицали.

Недалеко од цркве, школу су започели, па су и своје послове остављали да то заједничко здање подигну.

Сликар је новац од слика поверио Дукатину који је, младалачким полетом сваливши са плећа бреме година, лак и оран, управљао обновом села.

У дану кад је прамен косе на раскршћу исањан и брижљиво чуван, у скривени отвор између два камена старе Магдине куће гурнула, први се пут зачула њена песма, и језером се па селом прелила. Мештани су се смешкали и зналачки махали главом. Певала је на неком језику, и њој самој непознатом, али песма је била смирена, равна, и топла, у њој су обећање препознавали.

≈

„Хоћеш да кажеш да смо завршили? Обавили посао? Супер, сад правимо децу!"

Осмех му се скутио око усана, очи су му биле озбиљне. Тек му је предстојао рад. Разумела је, и прихватила тај наговештај смешка.

„Немогућ си! Имамо ми још... а после... увек се нађе неко да настави... И, може све, али треба да се крстиш!"

„Да, време је..."

≈

Село је завило обронке око језера. Бледа се посна земља зацрнела и многостручила оно што се у њу баци, грожђе је на обронку надолазило, растиње је бујало, звериње се гласало, птице се јатиле, пчеле ројиле. Рибе се површином језера прескакале.

Људи се у селу умножише, цркви вратише, обожише.

Видевши њихов напредак, почеше и у другим местима Срби да цркве обнављају, нове храмове граде, вери се окрећу.

А том селу име дотадашње променише, назваше га Владимирово.

Он трага за потезом који ће саставити одговор. Она ишчитава његове слике. И чека.

Круг

Година 2010, Русија.

Новгород, исходиште првих кнежева руских. Модеран град, пун храмова и других сведочанстава прошлости из чијих се прадубина точи његова велелепност.

Снегови густи и тешки, дуго су се и споро топили иако се зима измицала; пут је био отежавајуће влажан. Из на брзину и непрописно паркираног аутомобила излази мушкарац и љутито се обраћа црвенокосој девојци у светлим фармеркама и раскопчаној јакни, која му је излетела пред кола.

Преко мајице је, на танком златном ланчићу, носила дрвени крстић.

Стрпљиво чека да он заврши, осмехом се уноси у његове плаве очи, сивкасте од љутње, раскуштрану косу, широка плећа.

И храбро га позива на кафу.

У ниском лету изнад њихових глава прелети голуб и испусти нешто светлуцаво пред ноге мушкарцу чији се израз већ блажио...

Она скупи обрве, и ослушну, учини јој се нешто... Помисли како ће почети да прича са птицама ако се чешће не одваја од књига и излази међу људе, заусти да се нашали на свој рачун, али прећута. Боље да пази шта прича пред овим. Какав је, прави кнез! И ликом и стасом.

Он се саже, подиже необичан предмет и обоје га загледаше са интересовањем. Златна минђуша, рубин црвена, бисерно бела.

На клупи у парку преко пута њих, сквричила се самотна, зачудна прилика. Старији човек, под тамним огртачем, закукуљен преко главе све до очију, повијених леђа, са штапом у руци налик на тољагу. Зурио је у блистави накит, оно здраво оку му се цаклило, у њему се похлепа огледала, друго је било прекривено мреном.

Мушкарац нехајно гурну минђушу у џеп јакне, обгрли девојку око рамена као да се већ добро знају, и одоше на кафу, заборавивши и на лоше паркирани аутомобил, и на комад накита што је пред њих пао с неба.

За легенду о Добрињином благу и пророчанство о налажењу кнежеве минђуше, нису никад чули.

Дан се отварао свечано, као да се небо подигло у бескрај, а између њега и земље сама светлост обитава. Румена.

ПОЈМОВНИК

Асколд и Дир (? – ?) – кијевски кнежеви. Године 866, под њиховим вођством, Руси први пут стижу до врата Константинопоља. Није извесно да је ијeдан од ова два кнеза формално прихватио хришћанство. Њихови наследници на Кијевском престолу, Олег (882–912), и Игор Рјурикович (912–945), били су пагани.

Арпад, мађ *Árpád* (850–907) – први владар Мађарске. Оснивач је династије Арпадоваца, која је владала Мађарском до 1301. Арпад је био вођа једног од седам мађарских племена, Међер, и други велики везир Мађара. Према средњовековним хроникама, око 890. је изабран за заједничког вођу свих седам племена, све до 907, када је умро.

бољари – виши слој феудалне аристократије у Русији, Бугарској и Румунији. За време Кијевске Русије бољари су имали велику моћ, јер су пружали војну подршку кијевском кнезу. Након инвазије Монгола у 13. веку, бољари из делова Кијевске Русије постали су чланови пољског и литванског племства. У 14. и 15. веку, многи бољари, који нису добили племићки статус, активно су учествовали у стварању козачке војне организације на јужним рубовима Пољско-литванске уније. Они који нису прихватили Пољско-литванску унију преселили су се у Московску кнежевину где су задржали високе позиције, моћ и утицај. Како је Велики кнез Москве постајао моћнији, тако је смањивао моћ бољара. То се посебно дешавало у доба Ивана III Васиљевича и Ивана Грозног. Иван Грозни је ограничио њихов утицај и укинуо старо право бољара да могу да напусте једног кнеза и постану вазали другог кнеза. Петар Велики је 1711. године укинуо Бољарску думу приликом своје велике реформе власти и администрације.

Борис (? –1015) и **Гљеб** (? –1015) – синови кнеза Владимира и кнегиње Ане, били су први Светитељи канонизовани у Руској цркви који се прослављају у чину „страстотерпаца" – вољних страдалника. Њима су претходили Теодор и Јован, мученици пострадали 983; Свети равноапостолни Владимир и Олга, и Св. Михаил, први митрополит Кијевски (†992).

Међутим, Св. Борис и Гљеб су били први овенчани изабраници Руске цркве, први њени чудотворци и признати небески молитвеници за новокрштени хришћански род. Св. браћа била су жртве политичког злочина, распре и раздора међу кнезовима у борби за престо. Њихов подвиг у много чему је јединствен: они нису пострадали због исповедања вере у Христа, него због иђења за Христом, саврешене кроткости и потпуног привољења Царству небеском.

Варда Склир – заузимао је, као доместик Истока, највиши заповеднички положај у византијској војсци. У лето 976. године његове трупе прогласиле су га за цара. Проширио је своју власт на целу Малу Азију, а после заузимања Никеје 978, приближио се престоници. Василије II шаље на њега Варда Фоку и он га је 979. у Панкалејској равници, близу Аморионa, победио у двобоју, а потом потукао његову војску. Почетком 987. Склир се вратио у Византију и поново се прогласио за цара. Варда Фока се најпре удружио са њим, али га је убрзо уклонио, и целу Малу Азију ставио под своју власт. Године 988. био је на домаку Цариграда. Легитимни цар Василије II тражи помоћ од кијевског кнеза Владимира који у пролеће 988. стиже у Византију са око 6000 војника. Под личним царевим вођством Руси су код Хрисопоља до ногу потукли побуњенике, а Варда Фока је нашао смрт у бици код Абидоса. Побуњенички покрет доживео је слом.

Варда Склир је морао да пристане на споразум и да се потчини цару.

Варјази (рус. Варягами) – староруски назив за житеље скандинавског полуострва који су ишли у службу византијских императора, или трговали прелазећи преко руске земље воденим путем, рекама од Балтичког до Црног мора. Термин „варят" јавља се равноправно руском „ротник" – „присягнувший", „давший клятву в верности" (рота, присяга – заклетва, присега).

Крајем 8. века северна племена угрожавали су Варјази а јужна Хазари. Сам живот, опстанак и очување посебности и изворности тек рођених цивилизација објективно су изискивали уједињење. Само моћнији државни савез источнословенских и угарских племена могао се супротставити разбојничким походима Викинга и хазарских кагана.

Пошто словенски кнежеви нису могли да се определе за једног вођу који би био довољно ауторитативан за тежак процес уједињења, обратили су се за за помоћ Варјазима. Године 862. појавио се оснивач прве кнежевске династије Рјурик. Политичка делатност варјашких кнежева није наша тема, као ни „норманска теорија". Не само да Варјази нису „оварјажили" Русе, него су и сами врло брзо постали Руси. О томе сведоче имена првих кнежева Рјуриковича: Рјурик, Олег, Игор, Олга, али већ кнез Свјатослав се звао и изјашњавао као Рус. Доласком Варјага и успостављањем Кијевске кнежевине (за датум формирања Кијевске Русије узима се 882. година, када је новгородски кнез Олег преузео Кијев и постао Велики кнез), код Руса је почео дуг процес формирања особене цивилизације и периода који условно можемо назвати феудалним.

Варјашко море – Балтичко море

Василије II и Константин VIII – византијски цареви (976–1025). Василије II је од 976. до 1025. владао Византијским Царством. Године 1018. поразио је цара Самуила и освојио велике територије јужнословенских држава. За време његове владавине ојачале су и трговачке везе са Русима. Након смрти оставља огромну државу од Јадранског мора и Дунава до Еуфрата. Његов наследник и брат Константин VIII (савладар од 976. до 1025), наставља владавину до 1028. Он је уједно и последњи византијски цар из династије Македонаца.

Викинг (од старонордијском *викингр*) – термин који се уобичајено користи за нордијске (скандинавске) ратнике, трговце и гусаре. Настанили су се у широкој области Европе, Азије, Блиског Истока као и дела Африке, од краја VIII до средине XI века.

Волос (Велес) – словенски бог шума, пашњака, дивљих и домаћих животиња.

волхв – жрец, службеник паганског култа. Реч вероватно води порекло од „волохатиј" (руњав), због обичаја жречева да врше обреде у кожусима с крзном споља. Сматрало се да могу да управљају силама природе, предвиђају догађаје и утичу на њих, па су имали велики углед у народу. Били су преносиоци религиозних знања, традиције, бавили се лекарством. Опирали су се увођењу хришћанства.

гривна – средњовековни Руси познавали су монетарни промет. Као специфични новац, користили су

„гривне", мале сребрне полуге утврђене тежине. Кијевске „гривне" су биле у облику издуженог шестоугла, док су новгородске имале облик штапића. За мање трансакције, користили су одсечене (рус. *отрублени*) комаде гривне (отуда и данашњи назив за руску монету – *рубља*), а за свакодневну трговину користили су ситне кованице, које су правили од спљоштених одсечака сребрне и бакрене жице.

грчка ватра (новогрчки Υγρό Πυρ, *игро пир*, „течна ватра") – византијски изум који је коришћен као оружје у поморским биткама. У Византији била је позната исто као „морска ватра" или „римска ватра" (пошто су Византинци себе сматрали Ромејима, тј. Римљанима). Ради се о течном пламену који се избацивао из неке врсте сифона који су се називали *стрепте*. Никада се није сазнао прави хемијски састав ове запаљиве течности, али се сматра да је један од основних састојака била шалитра.

гудоки, гусли и варгани – досад је пронађено четири врсте музичких инструмената из средњовековног Новгорода: гусли, гудоки, флауте и металне дромбуље – варгани. Гусли су обично имали 5 жица, а свирали су се са свих 10 прстију. Гудок је обично имао 3 жице и њега су свирали са повоцем. Гудок је потпуно идентичан *фиделима* које су свирали у француским, италијанским, енглеским и немачким градовима и селима тог доба. Дебели део варгана су држали у устима тако да је језичак вирио из уста. Дувањем дуж варгана добијао се звук, а ритмичким штипкањем језичка мењао се звук. Инструментална музика је била присутна на весељима и прославама као и у свакодневном животу.

Дажбог (Даждбог, Дабог, Дајбог) – дајући бог, давалац свих блага, син Сварога, словенски бог Сунца. Словени су веровали да Дажбог повремено умире и васкрсава, отуд и празници зимског и летњег сунцостаја.

детинец – кула, тврђава

Добриња (? – ?) – брат кнегиње Олге, Владимиров ујак који га је, по летопису, пратио од првог дана његовог кнежевања у Новгороду. Војвода Добриња је у народном предању описан као стамен, брадат и силан јунак.

Игор Рјурикович, Игор Кијевски, рус. *Игорь Рюрикович* (око 878–945) – син Рјурика, зачетника владарске династије Рјурикович, и руски Велики кнез. Према хроници из 12. Века, Рјурик је умро 879. и оставио малолетног сина Игора, а власт је преузео кнез Олег. Године 911. у руско–византијском договору Олег је назван Великим руским кнезом, а у хроникама се наводи да је био пуноправан владар а не Игоров регент. Игору су 903. довели жену из Пскова, будућу кнегињу Олгу Кијевску. Након Олегове смрти 913. године, Игор постаје владар Кијевске Русије. Под његовим вођством Руси два пута опседају Цариград, 941. и 944. године. Мир је склопљен под повољним условима за Русе, а договор је записан у византијској енциклопедији из 10. века. Руси су 944. са Византијом склопили војно-трговачки споразум. У јесен 945. године, Игора су погубили Древљани док је убирао данак.

Јарило – у словенској митологији бог плодности, размножавања, физичке љубави.

Јарко Сунце, руски: *Красное Солнышко* – у дословном преводу Црвено Сунашце, надимак кнеза Владимира I Свјатославича.

Јарослав I Мудри, рус. *Ярослав Владимирович Мудрый* (978 – 20. фебруар 1054) – Велики кнез Кијевске Русије (1016–1054), с прекидом (1018–1019). Током његове владавине Кијевска Русија је постигла зенит културног процвата и војне моћи. Био је један од синова Владимира I Великог. Основао је Јарославље на Волги. Односи са оцем су се заоштрили када је чуо да Владимир именује за наследника млађег сина Бориса. Јарослав Мудри је 1014. престао да плаћа данак Кијеву и само је Владимирова смрт спречила рат између оца и сина. Водио је четири године рат против полубрата Свјатополка I Кијевског, кога је помагао његов таст Болеслав Храбри. Јарослав је победио Свјатополка у првој бици 1016. године, па је Свјатополк побегао у Пољску. Свјатополк се вратио са пољском војском, коју је предводио Болеслав Храбри и 1018. заузео Кијев, а Јарослав је пребегао у Велики Новгород. Успео је да 1019. поврати власт у Кијеву. Пошто су Новгорођани остали лојални Јарославу Мудром и помогли му да поново дође на власт, награђује их слободама и привилегијама. Тако су положени темељи Новгородске републике. У част те победе над Печењезима 1037. гради катедралу Свете Софије.

Јарослав је био покровитељ културе, науке и књига. Грчке књиге преводе се на црквенословенски и староруски језик и Руси долазе у додир са грчком филозофијом, науком и историографијом, на свом језику. Црквене литургије су преведене на словенски језик. У Великом Новгороду је 1028. основана прва Велика школа. Донесен је први руски закон, *Руска Правда*.

Јован I Цимискије – византијски цар, дошао је на престо 969. године, након убиства цара Нићифора Фоке. Царица Теофана, љубавница младог и сјајног војсковође Цимискија, припремила је атентат а, Цимискије и његови људи мучки су, на спавању, убили Нићифора Фоку. Јован I Цимискије сео је на царски престо тек пошто је, на захтев патријарха Полиеукта, удаљио са двора царицу Теофану свалившти на њу кривицу за атентат на цара. Као војсковођа, Јован Цимискије није заостајао за Нићифором Фоком, као државник надмашио је свог одвећ импулсивног претходника. Замршена ситуација на Балкану, створена Свјатослављевим доласком, захтевала је брзо решење. Цимискијеви покушаји да се с њим нагоди остали су безуспешни. Априла 971. године, он је заузео бугарску престоницу, а цара Бориса, кога је Свјатослав збацио, поздравио као бугарског владара. Похитао је ка Силистрији на Дунаву где се налазио Свјатослав са својим војницима и опколио град. Крајем јула 971, после жестоких борби, Свјатослав се повлачи из Бугарске, и са Балкана. У замену је добио намирнице за пут и обновио је трговинске привилегије Руса. Јован Цимискије је својим походима утврдио превласт Византије у предњој Азији. Умро је 10. јануара 978, пошто се са похода вратио смртно болестан, вероватно од тифуса.

каганат – облик државног уређења који се темељи на развијеним родовско-племенским заједницама, а каган је врховни поглавар.

Кијев (украјински: *Київ*, руски: *Киев*) – главни и највећи град Украјине. Налази се на северу државе на обали реке Дњепар. Био је престони град Кијевске Русије. Основан је у 5. веку а статус града добија године 1487. По легенди, основала су га тројица браће: Хорив, Киј и Шчек. Универзитет у Кијеву основан је 1834.

године. Због великог броја цркава и манастира и значаја за православни свет, од Средњег века град носи надимак „Јерусалим севера" (данас чешће: „Јерусалим истока"). Због своје историјске улоге Кијев је познат и као „Мајка руских градова".

Кијевска Рус' (руски: Киевская Русь, украјински Київська Русь , бјелоруски: Кіеўская Русь) – већ у раном средњем веку, почев од 9. и 10. века, источни Словени су имали многобројне градове. У 9. веку постоје две велике руске кнежевине: новгородска на северу и кијевска на југу. Крајем 9. века, од доласка новгородског кнеза Олега у Кијев, почиње да се формира велика држава – Кијевска Рус. Разлика између назива Русија и Рус је велика, јер назив Рус означава неподељену источнословенску етничку масу чији су равноправни наследници и Руси и Украјинци и Белоруси, док појам Русија означава само назив руске државе, односно Руса. За владавине кнеза Владимира I Великог Кијевска Рус је прихватила хришћанство, 988.

Период власти Владимира Великог (?–1015) и Јарослава I Мудрог (1019-1054) представља Златно доба Кијевске Руси. Била је по површини највећа европска држава свог времена. У 10. и 11. веку простирала се од Балтичког до Црног мора, те од Карпата до сутока река Волге и Окá. У 15. веку се први пут помиње назив Русија – за простор московске кнежевине.

Кијевска Русија = Кијевска Рус` – у средњем веку није постојала држава по имену Кијевска Русија. Тај назив историчари почињу да користе неколико векова након њеног нестанка. Најстарији руски летописи ову државу називају Рус, а византијски извори Рос. Руска, украјинска и белоруска историографија кијевску државу и њену епоху општеприхваћено називају Кијевскаја Рус. У нашој историографији овај назив се преводи као Кијевска Русија, због прилагођавања превода особеностима српскога језика.

кијевски пантеон – чине богови: Перун, Дажбог, Мокош, Стрибог, Симаргл, Велес, Хорс. Поред њих су поштована и друга словенска божанства.

кумир (стсл.) – један од старих словенских назива за божанство, идол.

Корсуњ, Херсонес Тауријски или **Херсонес** (грч. *Χερσόνησος*) – древни полис (град) који су на југозападу полуострва Крим (у данашњој Украјини) основали грчки колонисти. У своје време био је значајна грчка колонија, и културно-трговачки центар северног дела црноморске обале. Основан је 529–528. године пре наше ере, а касније је био део хеленистичке Босфорске краљевине. Град је био у рукама Скита, Римљана, Византинаца, Хазара, Татара и на крају Руса. Име „Тауријски" долази од ранијег назива за Крим. У Херсонесу је 988. године руски кнез Владимир примио хришћанску веру.

лапти (лапоть) – плитка обућа, распрострањена код Руса од старине, задржала се у широкој употреби код сеоског становништва до 1930-их година. Плетена је од коре дрвета (брезове, липове и др), и подшивена кожом. Лапти су везивани уз ногу тракама од исте коре од које су исплетени. Једно од првих помињања ове врсте обуће имамо у Летопису из 12. века. Лапти су били у употреби и код Белоруса, Татара, Украјинаца... Сличан вид обуће среће се код североамеричких Индијанаца и аустралијских Аборицина.

Малуша (? - ?) – кћи Мала из Љубеца, Словенка, била је кључарка кнегиње Олге. Из везе са кнезом Свјатославом родила је Владимира, будућег Великог руског кнеза. Малуша се иначе називала и најмлађа жена у доба многоженства.

медовина – природни производ сличан вину, пошто се основни састојци мед, односно грожђе, под утицајем алкохолног врења, претварају у алкохол и угљен-диоксид. Добија се алкохолном ферментацијом раствора природног меда, а поступак је исти као у производњи вина. Садржи око 13 % алкохола, 5 % екстракта и 0,17 % минералних соли. Може да се производи као алкохолно и као безалкохолно пиће, пријатне је ароме и укуса. Као што код вина укус и квалитет зависе од сорте грожђа и његових особина, тако и квалитет медовине зависи од врсте меда, начина његове производње и старости. Медовина је пиће за које тврде да поправља крвну слику, окрепљује организам, побољшава апетит, али и успорава старење. У стара времена су управо венчаним паровима давали да пију медовину сваке ноћи, пуних месец дана након ступања у брак, како би се убрзало добијање потомства. Ово брачно раздобље и се данас назива медени месец.

Морана – богиња таме, смрти и хладноће у словенској митологији.

Нићифор II Фока, грч: Νικηφόρος Β᾽ Φωκάς (умро 969. године) – византијски војсковођа а затим и цар, од 963. до 969. После преране смрти Романа II, марта 963, власт је прешла у руке царице Теофане која је преузела регентство у име својих синова. Млада царица је ступила у везу са Нићифором Фоком. Пошто га је војска у Цезареји прогласила за цара, Нићифор је 15. августа ушао у Цариград, и након крвавих уличних борби, 16. августа у Светој Софији примио царску круну из руку патријарха. Владао је као супруг Романове удовице Теофано и регент њених малолетних синова Василија II и Константина VIII. Погубио га је и његово место преузео његов рођак Јован I Цимискије.

Новгород (рус. *Великий Новгород*) или Новгород Велики – најчешће се назива кратко Новгород, налази се у северозападној Русији и један је од најстаријих руских градова. Кроз град протиче река Волхов, која шест километара узводно истиче из језера Иљмењ. Основао га је варјашки кнез Рјурик 859. године, и још у Кијевској Русији је био велики град са више десетина хиљада становника.

Стари део града простире се на обе стране реке Волхов. На западној обали се налази градски кремљ (*детињец*) из 11. века. Кремљ и катедралу Свете Софије је подигао кнез Јарослав Мудри. Катедрала је подигнута у част победе над номадским Печенезима. Од манастира најзначајнији је Јурјев манастир из 1030. године, на обали језера Иљмењ. Поред њега се налази музеј руске древне архитектуре на отвореном. У граду постоји државни универзитет *Јарослав Мудри*. Читав стари град, заједно са Кремљом и црквама, под заштитом је УНЕСКО-а од 1992.

обред – представља кодификован облик понашања, слично ритуалу, са циљем да се симболички утиче на физички свет, али су учесници обреда свесни да тиме неће изазвати физичко дејство. Служи за идентификацију групе – село, племе, народ.

Олег од Новгорода или **Олег Вешти** (? – 912) – варјашки кнез новгородски (од 879) и касније кијевски (од 882). Олегу се приписује да је померио престоницу из Новгорода у Кијев и тако поставио темеље за јаку древну кнежевину, Кијевску Русију. Претпоставља се да је Олег био брат Рјурика, оснивача династије Рјурикович. У летопису *Повест минулих лета* помиње се као Рјуриков рођак. После Рјурикове смрти 879. године, управља Новгородом, у име Рјуриковог сина Игора. Олег је био паганин. Добио је надимак Вешти (Пророк), јер је добро доносио одлуке значајне за будућност. Према летописима владао је од 882. до смрти 912.

Олга Кијевска, Велика руска кнегиња (945–969) – удовица кијевског кнеза Игора Рјуриковича, по смрти кнеза Игора владала је у име свога малолетног сина Свјатослава Игоровича. Сурово се осветила Древљанима који су јој убили мужа. Примила је хришћанство у Цариграду, године 955, и на крштењу добила име Јелена. Мада није успела да и кнеза Свјатослава приволи својој вери, ширила је Христов наук и црква ју је прогласила Равноапостолном.

Перун – словенски бог грома и олује, гневни син Сварога, сребрноцрне косе као олујни облаци и риђе браде, који небом јаше на крилатом црном ждрепцу или се вози двоколицама у које су упрегнути бели и црни коњи. Веровали су да њихов топот узрокује грмљавину а да су муње одблесци његове златне секире.

Печенези или **Печењези** – полуномадски народ Централне Азије. Говорили су језиком који припада групи турских језика. Асимиловани су током средњег века у Бугаре и Мађаре. Печенези се појављују у историјским изворима у 8. и 9. веку. Тада су настањивали подручја између доње Волге, Дона и Урала. Већ до 9. и 10. века контролисали су велики део степа југозападне Евроазије и Крима. Тада су били значајан фактор у том подручју, али као и већина номадских народа нису поседовали концепт државе, а њихова организација се сводила на насумичне нападе на суседна племена. Током 9. века Византија их користи да се заштити од других опаснијих племена, као нпр. Мађара или Варјага.

Од 9. века Печенези су стално упадали на територије Кијевске Русије, што би с времена на време доводило до рата. Део Печенега учествује у руском нападу на Византију 970–971. Током власти Владимира I Великог, Руси и Печенези су се сукобљавали са променљивим успехом, а Јарослав Мудри је коначно поразио Печенеге. После тога Кијевску Русију почињу угрожавати Кумани (односно Половци).

посадник – намесник кога је кнез именовао и постављао да управља градом или неком облашћу.

Псков (рус. *Псков*, по старом правопису *Пльсковъ*) – стари град Кијевске Русије, који се налази на северозападу Русије, око седамдесет километара источно од границе са Естонијом, на реци Великаја, административни центар Псковске области. Град се први пут помиње у Несторовом летопису где се каже да се Игор, кијевски кнез, оженио девојком из Пскова, Олгом. Први кнез Пскова био је син Владимира I, Судислав.

Полоцк (белор. *Полацк*) – град у Витјебској области, административни центар Полоцког рејона, један од древних градова Кијевске Русије. Налази се на ушћу реке Полот, која се улива у Западну Двину. Полоцк се први пут помиње 862. године у Летопису минулих времена. Средином 10. века појављује се Полоцка кнежевина. Од 988. до 1001. Полоцком влада Изислав, син кнеза Владимира и Рогнеде Рогволдовне.

ритуал – систем правила која одређују понашање појединаца, а која ће бити од симболичког дејства на физички свет; обичаји и обреди који су у вези са извесним церемонијалним чином по тачно утврђеном реду.

ритуално уморство – култни обред приношења људских жртава божанству или демонима, убиство из религиозних разлога.

Рјурик, рус. *Рюрик* (око 830 – око 879) – варјашки вођа који је 862. године стекао контролу над територијом Ладлоге. Зачетник је славне руске династије Рјурикович, која је владала Кијевском Русијом, касније до 14. века Галицијом-Волинијом, и до 16. века Московском кнежевином. Повест минулих лета говори да је Рјурик био позван да помири заваћена угро-финска и словенска племена. Тако је запосео територије језера Ладлоге и Новгорода, где је владао до смрти 879. године. Након смрти Рјурика седиште руске кнежевине постаје Кијев. Кијевска Русија постојала је непрекидно до монголске инвазије 1240. Последњи Рјурикович који је владао био је Василиј IV (умро 1812). Данас се у Новгороду налази један рид који има изглед гробишта, претпоставља се да је то Рјуриков гроб.

Рјуриковичи – руска владарска династија. Владали су од 862. до 1598. Династија је добила име по родоначелнику, варјашком кнезу Рјурику. Руси су под кнезом Владимиром примили хришћанство и створили рану феудалну државу Кијевску Русију. Почетком

12. века, Кијевска Русија се распада на више кнежевина, а у 13. веку покоравају их Монголи (Татари). Рјуриковичи стварају нову, Московску кнежевину. Успели су да одбију нападе Швеђана, Монгола и Тевтонаца. Године 1480. Русија се ослободила превласти Татара и ујединила под Иваном III Васиљевичем. У доба Ивана IV Грозног постала је царевина. После смрти Ивановог сина Фјодора Ивановича 1598. године изумире лоза Рјуриковича.

Род – бог из словенске митологије. Сматрало се да он из словенског раја шаље на земљу душе живих бића у ново оваплоћење.

русалка – водена вила. У митологији Источних Словена то су натприродна бића замишљана у лику дугокосих лепих девојака, које у ноћима младог Месеца играју на пропланцима, овенчане зеленим венцима, или седе на обали реке. Млади људи постају њихове жртве, одводе их у водене дубине, али је забележено и веровање у могућу љубав између људи и русалки.

Рогволд (? – 980) – кнез Полоцки. По предању, Рогволд је Варјаг, заједно са Руриком пристигао преко мора и од њега добио на управу Полоцк.

Рогнеда Рогволдовна (? – око 1000) – кћи Полоцког кнеза Рогволда, једна од жена кнеза Владимира Свјатославича. Пред смрт се замонашила а претпоставља се да је умрла у Изислављу којим је тада владао њен син Изислав.

Сварог – словенски бог Сунца, које даје животну топлоту, и бог кућног огњишта, које је замена за Сунце.

Свјатослав I Кијевски, Свјатослав Игорович, рус. *Святослав Игоревич* (око 942–972) – Велики кнез Кијевски, син Игора Кијевског и кнегиње Олге. Свјатослав је имао три сина: Владимира, Олега и Јарополка. Предузимао је војне походе против Хазара и Бугара, такође је поразио волшке Бугаре и Алане. Источнословенска племена је ослободио од Печенега и Мађара. Територију је повећао у рејону реке Волге, понтској степи и према Балкану. При томе је 969. године престоницу из Кијева преселио у Перејаславец на Дунаву. Остао је паганин упркос чињеници да је његова мајка, кнегиња Олга, примила хришћанство. О његовој младости се мало зна, ни година рођења није поуздана. После смрти кнеза Игора, кнегиња Олга је била регент у Кијеву а Свјатослав долази на власт око 963. године. Гине у борби са Печенезима, године 972.

Свјатославич Јарополк, Јарополк I Кијевски, рус. *Ярополк Святославич* (око 958 – 11. јун 978) – син кнеза Свјатослава Игоровича. Био је Велики кнез кијевски од 972. до 978. Као и остала словенска имена руских кнежева име има два значења, први део *Јаро* (рус. *Яро*) значи *жарко* (сијање), а *полк* значи на старословенском језику *народ*, што значи *Светло у народу*. Датум рођења и име мајке је непознат. Први пут се помиње у хроници Повест минулих лета, 968. године, у време најезде Печенега на Кијев. Пре похода на Цариград 970. године, његов отац Свјатослав пренео је власт у Кијеву на Јарополка. Године 972. у Кијев су се вратили остаци руске војске са вешћу да је Свјатослав пао у бици са Печенезима код Дњепра, и Јарополк постаје Кијевски кнез. Окрививши га за смрт брата Олега, Владимир креће на њега. Јарополк гине а Владимир заузима Кијев и постаје Велики кнез.

Свјатославич Владимир, Владимир I Кијевски, Велики кнез, рус. *Владимир Святославич* (? – 1015) – син Великог кнеза Свјатослава и слушкиње Малуше, унук равноапостолне Велике кнегиње Олге, директни потомак Великог кнеза Рјурика, рођен је око 960. у Кијеву. Као дванаестогодишњег дечака отац га је поставио за кнеза у Новгороду. Шест година касније дошло је до сукоба између његове браће. Сазнавши за Олегову смрт и бојећи се Јарополковог властољубља, пребегао је у Варјашку земљу. Провео је тамо две године скупљајући војску, вратио се у Новгород, сменио Јарополкове намеснике, објавио брату рат и заузео престони Кијев. Од 980. године, Владимир постаје кнез читаве руске државе. Прославио се војничким подвизима: покорио је Галицију, угушио побуну Радмича и овладао територијом од Буга до Балтичког мора. За разлику од брата Јарополка, наклоњеног хришћанима, Владимир је био ревносни паганин и чувар руско-словенских паганских обичаја све до 988. године, када прихвата хришћанску веру и жени се византијском принцезом Аном. Владимир Крститељ уводи источно хришћанство. Био је и велики просветитељ, заслужан је за ширење просвете и оснивање школа у Кијеву и другим градовима.

Као владар у народу је био омиљен, пун самилости за ближње, гостољубив, зрачио је топлином и светлошћу па је понео надимак *Јарко Сунце*. Звали су га и *Ласковиј* (умиљати). Приморан да води рат са Печенезима и норвешким принцем Ериком, успео је да из сукоба изађе као победник. Разделио је земљу на феуде међу својим синовима. Јарослав, новгородски кнез, отказао му је послушност. Хришћанин Владимир тешка срца одлучује да оружјем крене на побуњеног сина. Одлази из Кијева, али се у њега неће вратити, јер га у Берестову стиже тешка болест. Сазнавши за најезду Печенега, послао је на њих кнеза Бориса. Упокојио се у Берестову 15. јула 1015. Проглашен је Равноапостолним а помен му се слави 15. (28) јула.

Свјатославич Олег, кнез Древљански (? – 977) – најмлађи законити син кнеза Свјатослава. Од оца је добио на управу древљанску земљу. Након очеве смрти, Олег страда у братоубилачком сукобу са Јарополком. Несторов летопис каже: „И у бици победи Јарополк Олега. И побеже Олег с војницима својим у град зван Овруч, а преко рова, према вратима градским, бејаше мост, и гурајући се, одгураваху један другога у ров. И одгурнуше Олега с моста у блато."

Стефан Немања велики жупан Рашке, (понекад *Стеван*) – (око 1113 – 13.02.1199), родоначелник владарске династије Немањића и творац моћне српске државе у средњем веку. Са супругом Аном имао је три сина: Стефана, Вукана и Растка. Сматра се, заједно са сином Савом, једним од утемељивача Српске православне цркве, која га слави као светог Симеона Мироточивог. Доба његове владавине представља преломни период у историји и култури Срба.

Повукао се са власти и замонашио на сабору 1196. године, а за свог наследника је одредио средњег сина Стефана Првовенчаног (велики жупан 1196–1217, краљ 1217–1228), у договору са византијским царем Исаком II, чијом ћерком Евдокијом је Стефан био ожењен. Преминуо је као монах Симеон у манастиру Хиландар, а његове мошти су 1208. године пренете у манастир Студеницу, у коме се и данас налазе.

Стефан Лазаревић деспот, познат и као **Стеван Високи** (Крушевац, 1377 – Главица код Крагујевца 19.07.1427) – син кнеза Лазара (1371–1389) из породице

Хребељановића. Владао је Србијом под титулом кнеза (1389–1402) и деспота (1402–1427). Његова књижевна дела, међу којима је *Слово љубве,* чине га и једним од највећих српских књижевника у средњем веку. Био је велики покровитељ уметности и културе. Српска православна црква га је канонизовала петсто година након смрти 19.07.1927. године, као *светог Стефана деспота Српског,* и помен му се слави 01.8. (19.7. по јулијанском календару).

Стрибог – словенски бог, господар ветра и ваздуха. Важио је за неуморног путника који се лако пребацује са једног места на друго. Због тога је замишљан као моћни, стреловити ветар.

Симаргл – божанство Источних Словена. Сматра се да је његова улога била да „смири", тј. да отера зиму.

Теодор Стратилат – хришћански светитељ. Био је римски војвода, у војсци цара Ликинија, и градоначелник града Ираклије. Преобратио је многе људе у хришћанство, и позвао самога цара Ликинија да прихвати Христово учење. Разбијао је идоле од сребра и злата и комаде делио сиромашнима. Теодор је мучен и погубљен 8. фебруара 319. године. Сматра се заштитником војника. Српска православна црква слави га 8. фебруара и 8. јуна по јулијанском, а 21. фебруара и 21. јуна по грегоријанском календару.

Теофано, грч: Θεοφανώ (? – после 976) – византијска царица која је у историју ушла као супруга Романа II, да би се након његове изненадне смрти, како би сачувала престо малолетним синовима Василију II и Константину VIII, удала за успешног војсковођу Нићифора II Фоку. Иако се Нићифор показао као лојалан регент у име њених синова, Теофано га је издала и удала се за млађег и лепшег Јована I Цимискија. Пошто је ступио на престо, Цимискије је под притиском патријарха пристао да Теофано пошаље у манастир. Могуће је да је царици дозвољен повратак на двор када је 976. њен старији син Василије преузео царску круну.

Хазари – народ који се у 2. веку раширио северним деловима Кавказа а касније заузео подручја доње Волге. Поново се као јака сила појављују у 7. веку да би се већ од 8. до 10. века њихово царство простирало све од обала Црног мора и Каспијског језера до Урала, а и даље на запад до Кијева. Главни град Итил постаје велико комерцијално средиште. Освојили су земље поволшких Бугара и Урал и наметнули данак Источним Словенима. Недуго после су заратили са Арапима, Персијанцима и Арменима. Хазари се нису мешали у религију покорених племена и народа, религиозна слобода на освојеним територијама је била потпуна. Неки извори наводе да су у 8. веку поједина хазарска племена прихватила јудаизам, (највише племенско племство) а наводе се и примери да је међу њима у 9. веку било и хришћана. Хазари су били степски ратници: на коњима, наоружани копљем, луком и стрелом, сабљом уобичајеним за степу, а имали су и неку врсту секире. Сами су себе у борбама штитили примитивним кожним оклопима.

Године 965, Велики руски кнез Свјатослав потукао је Хазаре и њихово царство је пропало. Поједина хазарска племена су наставила живот ван бившег хазарског царства и временом се утопила у народе нових држава.

Храст – свето стабло многих предања, коме су дате повластице врховног небеског божанства: Зевсов храст у Додони, храст Јупитера Капитолинског у Риму,

Рамовеов у Прускoj, Перунов код Словена. Симболизује једнако моралну и физичку снагу, чврстину, моћ, дуговечност, као и висину, и у духовном и материјалном смислу. У данашње време његова симболика везује се за прославу Бадњег дана и Божића.

Хорс – словенски бог Сунца, светла, син бога Рода, Велесов брат.

Цариград, данашњи Истамбул (тур. *Истанбул*, грчки Κωνσταντινούπολη, на српском *Стамбол, Цариград* и *Константинопољ*) – град смештен у Босфорском мореузу, некадашња је престоница трију великих царстава – римског (330–395), византијског (395–1453), и отоманског (1453–1923). Након оснивања модерне републике Турске, Анкара је проглашена њеним главним градом. Ово је највећи град у Турској и њено културно и привредно средиште. У делу града познатом као Фанар седиште је Васељенског патријарха.

Черкези – кавкаски народ, који претежно живи у Турској, Сирији и Русији. Сами себе називају Адигé, Адигхе и на Косову Адиже (људи), или по другом тумачењу 'становници обала'. У старијим временима били су познати и као Џихурш (синг. Џих), те Косоги или Касаги у старим руским летописима. У Русији, Черкези претежно живе у аутономној републици Карачајево – Черкезији, у којој чине 10% становништва, и у којој су трећи народ по бројности, после Руса (42%) и Карачајаца (31%). Черкези су већином исламске вероисповести, а говоре кабардинско-черкеским језиком, који спада у абхаско-адицијску групу севернокавкаске породице језика.

Киевская Русь в X–XII вв.

Порекло илустрација

Насловна страна:

Владимир и Рогнеда, уље на платну, 1770. Антон Па́влович Лосе́нко (1737- 1773), руски сликар 18. века, портретиста, зачетник историјског сликарства. Слика *Владимир и Рогнеда* сматра се првим значајним делом историјског жанра у руској уметности; аутору је донела славу и звање академика.

На страни 289:

мапа Кијевске Русије 10 – 12. века, *Лев Николаевич Гумилёв* (1912-1992), *Открытие Хазарии* – Институт ДИ-ДИК; 1996;

Илустрација на полеђини књиге:

златник кнеза Владимира из колекције *Ермитажа,* прва руска златна монета, искована у Кијеву, убрзо после крштења Руса. Укупно их је пронађено једанаест. За време кнеза Владимира први пут се појављују ручно ковани златници и сребрњаци, рад руских занатлија, са Христовим ликом, ликом Великог кнеза или кнежевим наследним родовским знаком.

Белешка о писцу

Душица Милановић Марика је рођена у Сокобањи. Завршила је Групу за српску књижевност и језик на Филолошком факултету.

Под псеудонимом Стевана Сремац објавила је:

роман *Зона Замфирова – Шта је било после,* Народна књига – Алфа, Београд, 2005; друго издање, Народна књига – Алфа и Политика, Београд 2005;

збирку прича *Кап женске крви,* Народна књига – Алфа, Београд, 2006;

збирку прича *Реч за опроштај,* Народна књига – Алфа, Београд, 2007.

Под својим именом објавила је књигу *Црна крв,* песме, Књижевни атеље Кућа Петровић и Чигоја штампа, Београд, 2010.

Живи у Београду.

САДРЖАЈ

Књига прва / 7

Русь

1. / 11
2. / 30
3. / 48
4. / 64
5. / 67
6. / 69
7. / 76
8. / 80
9. / 82
10. / 87
11. / 90
12. / 99
13. / 116
14. / 121
15. / 127
16. / 132
17. / 137
18. / 141
19. / 147
20. / 151
21. / 158

22. / 162
23. / 166
24. / 168
25. / 170

Књига расклопљена / 176

Књига друга / 183

Коловрат

Дар живе воде / 187
Гром / 195
Камено обележје / 199
Наговор жеље / 201
Вриском крила / 204
Кључ за слику / 207
Отров у лице / 211
Тролист / 217
Печат / 222
Крипта / 227
Никита / 230
Сен / 233
Кап смоле, као суза / 235
Зов / 239

Безродный / 245
Мозаик / 250
Варјашка баштина / 254
Зайиц / 255

Круг / 262

ПОЈМОВНИК / 265

Порекло илустрација / 291

Белешка о писцу / 293

Душица Милановић Марика
ГОЗБА ВЕЛИКОГ КНЕЗА

Уредник
Јован Јањић

Ликовни уредник
Ратомир Димитријевић

Графички уредник
Драгана Ристовић

Лектура и коректура
Бранка Станисављевић

Издавач
ИП „Просвета" а.д. у реструктурирању
Београд, Чика Љубина 1

За издавача
Јован Јањић, директор

Штампа
„Филип Вишњић", Београд

Тираж
1000

2012.

ISBN 978-86-07-01938-0

CIP – Каталогизација у публикацији
Народна библиотека Србије, Београд

821.163.41-31

МИЛАНОВИЋ, Душица, 1962 -
   Гозба великог кнеза / Душица Милановић Марика. –
Београд : Просвета, 2012 (Београд : „Филип Вишњић").
– 299 стр. ; 21 cm.

Тираж 1000. – Појмовник: стр. 265-288.
– Белешка о писцу: стр. 293.

ISBN 978-86-07-01938-0

COBISS.SR-ID 188651276

www.ingramcontent.com/pod-product-compliance
Lightning Source LLC
Chambersburg PA
CBHW062150080426
42734CB00010B/1638